自己の探求

中村 元

青土社

はしがき

自分自身はどのように生きたら良いのであろうか？

この問題は、なんぴとにとっても差し迫っていることがらである。そうして、いかなる人も、最後には自分自身で決定を下さねばならぬのである。この問題に対してわたくしなりに試みた答えが、この『自己の探求』という書である。

わたくし自身の精神的探求のあとを回顧してみるに、最初には、インド思想から仏教思想にわたる歴史的研究から出発した。

ところで、年月の経過とともにますます痛感するようになったのであるが、いわゆる現在に生きて苦しんでいる人々に、直接には「歴史的研究」なるものは、批判や評価の原理を提供してくれない。ただ昔の人の考えたことを紹介しているだけである。影響力をもっている諸思想に対する批判や評価のためには広い視野からの反省が必要であると思うようになった。そこでわたくしは、おのずから「比較思想」に足を踏み入れることになった。

比較研究ということも学問としてはそれ自体意義あることであるが、それは、わたくしにとっては、むしろ手がかりを与えるためのものであった。わたくしは自分なりの問題解決をもとめた。

まことに永い廻り路で、愚かな迂路であったが、わたくしには、これ以外の道を歩むことができなかった。あるいは、必要で意味のある廻り路であったのかもしれない。

そこでこのような反省のもとに、自分なりの思索の試みを、「現代思想」誌に連載した。わたくしの雑務多忙のため、その成果は打ち捨てられたままであったが、青土社社長・清水康雄氏がくりかえし熱心に単行本として刊行するように慫慂されたので、いちおうかたちをまとめることにした。そうしてこの機会に大規模に加筆増補した。最後の「運命」の章は新たな執筆に成る。

この書がどれだけの意義のあるものであるか、わたくしには解らない。恐らく不細工なものであろう。しかしただ鸚鵡の口まねのような学問は、したくない。いかに拙くとも、自分で納得の行くものにしたいと願ったのである。たとい難解な術語を用いて複雑な哲学的思索を展開したとしても、自分で納得できなかったら、無意味ではないか。身のほども顧みず、善財童子の求道遍路の旅に出た所以である。

出版に当たっては、一度「現代思想」に掲載された論稿を、清水康雄氏およびスタッフの方々が再読され、説明を要する箇所を注意して頂いて、その部分は書き換えたので、読み易くなったと思う。諸氏の尽力に感謝する。

一九八〇年八月二〇日

中村　元

自己の探求　目次

自己の探求

一、自己

自己の探求

〈自己〉とは何か？——この問題は、古来幾多の哲学体系・宗教思想において中心問題であった、と言えるであろう。近代西洋の哲学思想においては、むしろ〈自我〉の問題として設定され、その意義内容が追求された。「自己」というのと「自我」というのでは、すでにそこに問題の捉えかたの相違があるようにも感ぜられるが、何かしら共通なものを志向している点では相違がない。これを日常生活の具体的な場面に引きおろして考えると、「わたしは何ものであるか？」「わたしは誰だ？」という問題となって展開する。

〈自己〉という観念は、何人にとっても自明のものであるが、しかし説明は難しい。全く不可解なものである。もしそれを説明しようとすると、他人と共通に理解されるところの概念を以って述語せねばならぬが、概念というものはすべて対象化されたものであり、主体としての自己からは、すでに乖離したものであるからである。

インド思想史においては、〈自己〉の問題は、アートマンに関する考究として発展した。インドでは自己を「アートマン」と呼んでいる。「アートマン」（*Skrt.*, ātman, *Pāli*, attan）とは元来気息を意味する語であった。ギリシア語の *ἀτμος* ドイツ語の atmen と語源的にも関係があるが、サンスクリット語では再帰代名詞として用いられている。「自分を……する」というような表現において「自分」を意味して用いられているのである。（英語の oneself, ドイツ語の sich, selbst, フランス語の se の用法に対応する。）さらに生命の主体と目されては「生気」となり、総括的には生活体すなわち「身体」「肉体」、特に「胴体」となり、他人と区別しては「自身」「自己」の意味となる。さらに内面的・本質的に解されて哲学的な意味では「本体・本性・本質・精髄・霊魂・自我」を意味するに至った。特にウパニシャッドにおいては、アートマンは万有の根本原理あるいは絶対者と同一視されるようになった。

ところで初期の仏教徒はアートマンという語を主として「自身」「自己」の意に用い、それが原義であると考えていた。「アートマン」という語をシナ語に訳すに当たって、シナの訳経僧はこれに「我」という字をあてた。「我」という字は古くは、シナ語において一人称の代名詞の対格（accusative）、つまり「われを……」「わたしを……」を表示する語であり、英語の me, ドイツ語の mich, フランス語の moi に相当する。

これに対して「われは……」と主格でいうときには「吾」という字を多く用いる。複数形で「われわれは」というときには「吾曹」「吾等」「吾輩」というような表現が用いられる。「我」と「吾」とがつねに厳密に区別されているわけではないけれども、傾向としては、そのように言うことができるであろう。

ゆえに往昔のシナの翻訳僧もアートマンの直接の定義は、今日の日本語でいう「自身」「自己」の意味に解していたことが知られる。(今日の日本語では、「我《が》」というと、偏狭な自我、恣意的な自己、というニュアンスを伴っている。例えば「我を張る」、「我が強い」など。禅の語録では、我執をもった自我のことを「吾我《ごが》」と称することがある。この語は漢和大辞典の類には出ていないから、禅に特有の表現なのであろう。このようなニュアンスは仏教の無我の観念ならびにその字義から対比的に導き出されたものであろうが、「アートマン」という語は、本来はこのような意味をもっていなかった。ゆえにこのような誤解を避けるために、今日ではアートマンを「我」ではなくて「自己」「自身」と訳したほうがよい場合がある。)

漢訳仏典においては「アートマン」はつねに「我」と訳されている。おそらく精神作用の主体に何らかの客体的性格を与えることを避けるために、客観的世界に妥当するいかなる概念をもってしても、その主体を規定し述語することができぬと考えて、自己を表示するためには再帰代名詞としてのアートマンという語を用いるよりほかにしかたがなかったのであろう。もしも西洋哲学におけるように、再帰代名詞以外の何らかの名詞を用いてそれを呼ぶならば、程度の差こそあれ、それを何らかの意味において客体視して把捉したことになるからである。

古代西洋の哲学においては、表面的には「自我」「自己」を探求するという問題設定はなされなかったように思われる。諸々の哲学史・ギリシアの哲人の全集の類を見ても、こういう問題設定はなされていない。「自己を……」を意味する語は、ギリシア語では τὸ σεαυτόν であるが、それの主格としての ὁ σεαυτός という語形は、哲学的術語としてはついに立てられることがなかった。また ὁ αὐτός とは「同一の」という意味であって、「本来の自己」ではない。近世哲学においても「汝」に対立する「我」(das Ich) は哲学の中心問題とされたが、「自己」(das Selbst) はインドにおけるような重要な概念とはならなかった。

インドの哲学者たちは哲学的思索を行なう場合にも、精神作用の主体を「アートマン」(自己) という語で表明する場合が多かった。そうして、精神作用の主体を客体的概念として把捉することを避けている。だからギリシア、ローマの哲学者たちは νοῦς, spiritus, mens あるいは ψυχή, **anima** などの観念をもってそれを把握しようとつとめたのに対して、インドの哲学者は「アートマン」という語を多く用いている。

しかし古代ギリシア人の思索が、このような、主体を客観化した術語を以て、しかも〈自己〉を表現している場合が無いわけではない。「プシューケー」という語が〈自分自身〉を意味していると考えられる場合がある。キリストの語として次のように伝えられている。

『だれでも、父、母、妻、子、兄弟、姉妹、さらに自分の命までも（heautou psykhēn）捨てて、わたしのもとに来るのでなければ、わたしの弟子となることはできない。』（「ルカによる福音書」一四・二六。）

ここでは自分を捨てるということが強調されている。この場合psykhēはインドのアートマンに対応する語である。

psykhēを邦訳新約聖書では「命」と訳すから、インド思想とはつながらないが、もしもそれをギリシア哲学的な意味に解するならば、そのまま無我説になってしまう。すなわちpsykhēもātmanもともに原義は「いき」（呼吸）を意味するのであり、それが転じてともに「自己」を意味しうるに至ったのであるからである。〈アートマン〉はもともと「呼吸」「息」を意味する語であるから、それに対応するギリシア語はプシュケー（psykhē）である。しかしそのプシュケーは普通は「霊魂」と訳され、またプシュケーはそのようなものとして把捉される傾向が強かったことを示しているが、インドの「アートマン」も霊魂と訳してよい場合が少なくない。だからアートマンの哲学とプシュケーの哲学とには何かしら共通の問題の存することは、これを承認せざるを得ないであろう。

〈自己〉というものが概念的規定が極めて困難であるにもかかわらず、しかもなんぴとにとっても最も重要な問題であるとすると、〈自己を求める〉ということが問題となって来る。

人生の最も根本的なところにおいては、人生は宗教そのものであるともいえようが、それは常に、自己が真に自己自身になるという仕方においてであると論ぜられている。[1] そこで〈自己を求める〉ということを考えてみよう。

自己の探求ということは、古代のギリシア哲学においても重要なテーマであった。ヘーラクレイトスは「わたしはわたし自身を探求した」[2]と言った。アンティステネースは、哲学の目的は「自分自身とまじわる能力」だと考えていた。

さらにインドにおいては、〈自己（アートマン）を求めよ〉ということは、ウパニシャッド哲学において盛んに強調されたこと[3]であるが、仏教もまた最初の時期からそれを説いていたのである。釈尊は遊楽にふけっている青年たちに向って「婦女を尋ね求めること」[4]よりも「自己（アートマン）を尋ね求めること」を勧めて、かれらを入門させたという。

ゴータマ・ブッダはベナレスにとどまっていたのち、かつてさとりを開いた場所であるウルヴェーラーに向って旅に出た。あるとき、かれは道を離れて一つの密林のところに到り、その中に入って一樹のもとに坐した。そのとき三十人の友人たちがそれぞれ妻を伴ってその林の中で遊んでいた。ところが一人は妻をもっていなかったので、そのために「ひとりの遊女を雇うた」ところ、かれが遊び楽しんでいるうちに、遊女は、かれらの財物を取って逃げてしまった。

そこでかれらはその友人を助けて、遊女を探し求め、その密林のうちを徘徊《はいかい》しているとき、ブッダが一本の樹木のもとで坐しているのを見た。そうして釈尊のいるところへ行ってたずねた。

「尊師は一人の女を見ましたか?」

「若者どもよ。きみたちは婦女によってどうしようというのです?」

「いまわたくしたち三十人の友人は、夫人たちを伴ってこの密林に遊んでいました。しかし一人は夫人をつれていないので、そのために遊女をつれて来ました。われわれが遊び楽しんでいた間に、その遊女は財物を取って逃げてしまいました。故にわれわれは友人として、その友を助けてその女を探し出そうとして、この密林のなかを徘徊しているのです。」

そこでゴータマ・ブッダは尋ねた、

「若者どもよ。きみたちはどう思いますか。婦女を尋ねもとめることと自己を尋ねもとめることと、きみらはどちらが勝れていると思いますか?」

「われわれは自己を尋ねもとめるほうが勝れていると思います。」

「若者どもよ。では、お坐りなさい。きみらのために法を説きましょう。」

「どうぞ。」

そこで釈尊は教えを説き、かれらはさとりに到達して出家したという。

シナの儒学の伝統の中で特に自我の自覚として取り上げるべきは、王陽明およびその学徒であろう。(5) 王陽明は好んで「己」「吾心」を問題とした。そこには恐らく、仏教や禅の影響があると考えられる。

西洋でも〈汝自身を知れ〉というモットーはデルフォイの神殿に掲げられて以来、ギリシアでも注目されていた。クリチアスの言として、「自己を知ることは、まさに〈知〉の本質であるとわたしは考えるであろう。この点でわたくしは、デルフォイの神殿に〈汝自身を知れ〉という刻銘をささげた人に同意する。(6)」という。この句のもとの意味は、「身のほどを知れ」というほどの世俗的な意味であったと言われているが、ソクラテスはこれを普遍的な意義ある命題に改めて、「賢明な、節度ある人——そうしてかれのみ——が自分自身を知るであろう。(7)」と説いたと言われている。

しかし古代ギリシア哲学では〈自己を求める動き〉は、アートマンと語義的に似ているプシュケー(霊魂)をたずねる動きとして展開した。アリストテレスによると、『魂の認識は真理全体〔真存在全体の認識〕に対しても大いに貢献する』(8) ということが当然の理として認められ、かれ以前の先人が霊魂について発表した意見が詳細に検討されている。(9) 翻訳者が「プシュケー」を「霊魂」と翻訳しているように、自己をもとめる動きは、むしろ霊魂の本質およびその属性を探求する動きとして展開したようである。

「自己」の問題は、古代西洋哲学における主要な論題としては立てられなかったかもしれない。しかしすでにヘレニズム世界において無視することの許されぬものであった。学者の言うところによると、『聖書』のうちの原初的な資料によると、初めのうちは「自分を捨てる」ということが説かれているだけであったが、やがて「十字架を背負う」ということが課せられるようになった。

『だれでもわたしについてきたいと思うなら、自分を捨て (aparnēsasthō heauton) 自分の十字架を負うて、わたしに従ってきなさい。自分の命を救おうと思う者は、それを失い、わたしのために自分の命を失う者は、それを見いだすであろう。たとい人が全世界をもうけても、自分の命を損したら、なんの得になろうか。また、人はどんな代価を払って、その命を買いもどすことができようか。[10]』

学者が指摘するように、「十字架を背負うて」という表現は、キリストの死後に、信徒がキリストの口にもち込んだことばであり、生きているときのキリストが口にしたものではない。この段階になると、「自分を捨てる」だけでは不充分で、別の条件が余分に付加されている。そこで一部の人々と他の一般の人々とが遮断されている。「自分を捨てる」ことなら、誰に対してでも勧めて然るべきことである。しかし「十字架を背負う」ということになると、反発を感ずる人が当然出て来るであろう。しかるにそれを強行しようとすると、一種の集団的エゴイズムが発生したのであった。しかし、恐らく最初に説かれたであろうところの〈自分を捨てる〉ということは、まさに仏教の無我説に対応するものである。ただしインドではアートマン（「自分自身」を意味する再帰代名詞的に用いられる）の哲学が発展したのに、ヘレニズム世界では「自分自身」（seauton……）を取り出した哲学が発展しなかったというところに、やはり相違点を見出さざるを得ない。

　近代西洋においても、『汝自身を見つめよ』というのは、イエズス会の創始者であったイグナティウス・ロヨラ（Ignatius Loyola）の標語であった。ヤコブ・ベーメもまた自己を知ることを主張した[11]。もちろんこの句の意図する趣旨は東洋における「自己を知れ」という句とは恐らく多少異なっているのであろう。禅でも同様の教えを示して言う、「お前の足もとに気をつけろ」（脚下照顧）。ただ禅ではその倫理的あるいは心理的な意義をめざしていたのであろう。

　西洋思想においてもこのように片鱗が見られるのであるから、自己ないし自我の問題は、諸々の哲学思想・宗教にわたる中心的な問題であったということは言えるであろう。

　しかし近代西洋において大いに問題にされたのは、自我の自覚、自我の意識の問題である。では〈自我〉として把捉するのと、〈自己〉として把捉するのと、どのような相違があるのであろうか？

(1) 西谷啓治「人生と宗教」(『風のこころ』、新潮社、一五ページ)

(2) ヘーラクレイトス、断片、二二A―(山本光雄訳『初期ギリシア哲学者断片集』、岩波書店、三〇ページ)

(3) *Chānd, Up.* VIII, 1. 1. cf. *Mahānārāyaṇa, Up.* X. 7.

(4) attānaṁ gaveseti, *Vinaya,* Mahāvagga, I, 13. p. 23. cf. attaññū, *AN* (*Aṅguttara-Nikāya* の略). IV. p. 113; *DN.* (Dīgha-Nikāya の略) III. p. 252.

(5) 島田虔次『中国に於ける近代思惟の挫折』(筑摩書房、一九四九年三月)。特に一七八ページ以下。

(6) プラトーン、*Charmides* 164B.

(7) 同、167A.

(8) アリストテレース、*De Anima,* 402a.(『アリストテレス全集』6. 岩波書店、一九六八年、三ページ。)この立言は「一(=アートマン)を知ることによって一切を知り得る」というウッダーラカの主張と対比さるべきである。

(9) ibid. 403 b. 20 f. (同上、九ページ以下)

(10) ……『だれでもわたしについてきたいと思うなら、自分を捨て(aparnēsasthō heauton)自分の十字架を負うて、わたしに従ってきなさい』(マルコによる福音書」八・三四)

(11) Windelband : *A History of Philosophy,* p. 375.

自我の自覚

〈自我の自覚〉は近代初期にヨーロッパで始まり、そののち西洋の文明はその線に沿って発展した。ところがアジアあるいはその他の諸大陸の民族のあいだでは、まだ〈自我の自覚〉が未発達である。われわれは近代的（つまり西洋的）な自我観を確立せねばならぬ。――これがわが国の知識人一般のあいだの了解である。そこで近代の自我観に〈右へならえ〉をせよ、ということが合ことばになって、今日にまで至っている。一般ジャーナリズムの論調も、だいたいそのようなところに尽きているようである。

しかし問題はそれほど簡単であろうか？　そもそも〈自我〉の観念が、それの源泉として、典型となっている西洋の思想家のあいだでも明瞭に把捉されているであろうか？

この問題は、今までしばしば問題にされながら、しかし問題の根底をえぐるほどに、充分に考察の対象とはなっていなかったようである。その証拠には、哲学において、〈自我〉を意味する術語としての用語が確立していないからである。

普通、哲学においては、〈自我〉の問題として取り上げられている。しかしそれは明晰にして判明なる概念であるとは言いえない。

西洋でもとになる原語として、ラテン語で ego, ドイツ語で "das Ich" である。それは「われは……」(主格、nominative) ということであり、それは人格的には「汝は……」と対立し、また事物の「それは……」と対立した把捉のしかたである。

ところがフランス語で問題にするときには、自我は "moi" として把捉される。言語上の用法としては、「われを……」(対格、accusative) として、「われ」を対象化している。

この問題を英語で論ずるときには、以上よりもさらに一般化抽象化したかたちで "self" という語を用いる。

これらの諸語は実質的内容的には同じ概念を意味するのであって、ただ諸言語の構造的相違の故に、用法上では異なった諸語が〈自我〉を意味してつかわれるのではないか、という可能性が考えられるが、決してそうではない。英語ではゲルマン系の語である "self" とラテン語に由来する "ego" とがともに使われるが、"self-reflection" とはいうが、決して "ego-reflection" とは言わない。

また"self-conscious"という表現はあるが、"ego-conscious"という表現は少しく異なった意味合いをもつ。だから、self と ego とはかなり意味を異にするのである。

"ego"はもともとラテン語で、「われは……」という主格(nominative)に用いられる一人称単数の代名詞であり、"self"はどの格(case)にでも用いられるので、両者はもともと異なるものであるから、この用法上の相違が現われるのである、といって一応難点の説明がつくかもしれない。しかし"ego"という語は、英語では対象を示すものとして目的格に用いられることがある。例えば、教養のあるアメリカ人の紳士が自分の経歴、思い出に関する品物を他人に見せるときに、

「わたしの自我をあなたにお見せする失礼をおゆるしください」

"Please excuse me for showing my ego to you"

という。この場合には"ego"は明らかに対象化されたものとして目的格(objective case)で用いられている。

このように吟味してみると、西洋では哲学者たちがいだいている自我の観念は必ずしも一様ではないのである。われわれはさらに厳密な理論的検討を必要とする。

われわれは認識し、意欲し、行動している。それを各個人に限っていうならば、

〈われは認識し、意識し、行動している〉

ということを、自分で自覚している。その事実を考察するときに、

(1)認識し意欲し行動する主体が、その主体それ自身を外界や他人と区別することがなされる。その場合に、その主体は外界や他人と対立するものと考えられる。これを〈自我〉と名づける。(2)外界や他人との関係を考察の範囲に入れないで、認識し意欲し行動する主体だけを、考察反省の対象とすることも可能である。この場合に、客観化されたために、考察反省の対象となる主体を〈自己〉と名づける。

このような区別は一般の哲学者のあいだでなされていることではない。しかし西洋の諸言語における術語も混乱しているので、いちおう問題点をはっきりと区別して整理すると、ひとまずこのように言うことができるであろう。(これは、どこまでもわたくし自身が仮に立てた区別である。)

自我は(1)単一の個体としての意識をもっている。(2)そうして自我は時間の経過を通じて同一のものであると考えられている。(3)さらに自我はみずからに属する種々の精神的生理的な作用の主体であると考えられている。これはほぼどの哲学体系においても認められるところであろうが、これはまた仏教哲学における伝統的な「我《が》」の定義と一致する。仏教では古来「我」とは、「常・一・主宰」の義であると解する。

西洋における一例としては、ロック(一六三二―一七〇四年)は世俗的生活の領域においては自我を承認している。

『自分〔ないし自我〕とは、快苦を感知し、いいかえれば意識し、幸福または不幸であることができ、ひいては、その意識の及ぶかぎり自分自身を気にかける、意識し思考する事物《もの》（どんな実体から作られようと、精神的であれ物質的であれ、単純であれ複合的であれ、どうでもよい）である。この現在の思考する事物《もの》の意識が結びつくことのできるもの、それが同じ人物を作り、意識と一つの自分であって、意識以外のどんな事物《もの》とも一つの自分でなく、ひいては、この意識のとどくかぎり、その〔思考する〕事物《もの》の全行動をその事物《もの》自身の行動として自身に帰属させ、わがものとするのであって、意識のとどかないところには及ばない。(1)』だからこそ人格同一性にもとづいて賞罰も可能となるのである。

この議論は、インドにおいて仏教外の諸学派の立てる〈自我〉観と共通である。〔右のロックの言うような主張は、仏教外の諸哲学派が仏教の無我説を攻撃する場合に、しばしば述べられるものである。〕

自我は日常的には身体を含めて考えられるが、また身体を排除して心理的自我を考える場合もある。また身体が主要なものであって、精神作用はそれから派生したものにすぎないという見解も成立し得るが、この見解は唯物論者の主張したところである。この点は西洋の唯物論者も、インドの唯物論者も一致している。また漢訳仏典では〈アートマン〉を「身」と訳す場合がある。

日常生活において普通誤解されているのは、われわれの身体がすなわち自己であるという思想である。仏教によると、愚昧なる凡夫はこの身体をわがものであると解している。(2) 神々といえども、なおこのような見解にとらわれていて、そのために輪廻の範囲に流転し、なお苦悩を脱しえない。(3)

ところが人間は、ときに身体が傷つけられるのを承知の上で、何事かを実現しようとすることがある。また身体の一部分を失っても、なお生きてゆくことができる。だからこの見解は、自己の問題について完全な答えを与えたことにはならない。

このような見解を、初期の仏教徒は『自己の身体を執する見解』(sakkāyadiṭṭhi) と呼び、これを捨てることを教えているのである。(4) したがって初期の仏教徒は「非我」(自己に非ざるもの) とくに「身体」を、アートマンあるいはわがものとみなしてはならぬということを、主張しているのである。

唯物論者によると、身体を構成している物質的なものが基本的な原理であるが、たしかにわれわれは身体を失えば、一切の精神機能は消滅してしまうから、その意味では唯物論は絶対的な意義をもっているように思われる。しかしわれわれに〈自我の自覚〉というような精神的な作用の成立する所以を、唯物論はどうしても説明することができない。われわれが苦痛や快感を感ずるのは肉体をもっているからであるが、苦痛や快感を感ずるのは〈意識において〉なされるのであって、ただ物質を寄せ集めただけであるならば、苦痛や快感を意識するという現象は起こらない。

インドの唯物論者たちは、身体から精神が現われ出るのは、穀物が醱酵して酒を生ずるようなものであると説明したが、(5) 譬喩としてはそれでよいとしても、物質から〈自我の自覚〉が何故に現われ出るかということを説明し得ない。〈物質〉というものが想定されるのは、それを意識する自己があるからこそである。物質を物質として意識し理解するところのものは、〈精神〉である。

そこで常識的見解あるいは唯物論者の見解から発しながらも、さらにつき進んで〈自己〉をもとめなければならない。

(1) ロック『人間知性論』第二巻第二七章、大槻春彦訳(岩波文庫、三二三ページ)。
(2) *Theragāthā* 575, 1150. cf. 766.
(3) *Saṁyutta-Nikāya* III, p. 85 G.; AN. II, p. 34 G.; *SN.* I p. 200 G.
(4) SN. I, p. 13 G. cf. *Suttanipāta* 231 ; 761.
(5) *Sarvadarśana-saṁgraha* I.

自我の存在の論証

自我の本質がいかなるものであるか、ということを考察して自我を把捉するにあたって、二つの見解が成立する。

第一の見解は、〈自我〉とは一つの実体であると解するものであり、第二の見解は、〈自我〉とは、諸心理作用の総括にほかならないと解するものである。

第一の見解の、西洋における代表者はデカルトである。かれは、その存在を疑っても疑い得ないところの自我の存在から出発して、考察を展開したが、かれの自我は精神的な実体であった。

近代思想の発端は西洋ではデカルトが「われ考う（われ意識す）。ゆえにわれ有り」（cogito ergo sum）といったこの自覚にあるとしばしば主張されている。近代思想における人間そのものを尊重する態度が、やがて哲学的には自我の問題を自覚させることとなったのであろう。自我は否定することのできないものであるという論証は、デカルトのものとして有名である。

『私は、それまでに私の精神に入りきたったすべてのものは、私の夢の幻想と同様に、真ならぬものである、と仮想しようと決心した。しかしながら、そうするとただちに、私は気づいた、私がこのように、すべては偽である、と考えている間も、そう考えている私は、必然的に何ものかでなければならぬ、と。そして「私は考える、ゆえに私はある」Je pense, donc je suis. というこの真理は、懐疑論者のどのような法外な想定によってもゆり動かしえぬほど、堅固な確実なものであることを、私は認めたから、私はこの真理を、私の求めていた哲学の第一原理として、もはや安心して受け入れることができる、と判断した。(1)』

かれは右の思索の結果を一つの原則のかたちで表明している。

『われわれが疑っている間われわれは存在しているということは、疑うことができない』

『これが、順序正しく哲学するときにわれわれの認識する最初のものである。(2)』

われわれはただ自我が存在するということだけを知っている。

これに対応する議論は、インドでも述べられている。

アートマン(自我)の存在するということが直観によって知られるということは、すでに古くヴァイシェーシカ(Vaiśeṣika)哲学の主張(3)したところであるが、初期のヴェーダーンタ学者ウパヴァルシャ(Upavarṣa 四五〇―五〇〇年頃)ならびにその学徒が特に強調したものとして知られている。[4] その説によると、アートマンは推論あるいは論証によってその存在の推知され得るものでもなく、また「聖典に説かれているから」という理由で、その存在を信ずべきものでもなくて、万人が自我意識によって直証し得るものなのである。すなわち何人にでも「自分は瘠せた」あるいは「自分は認識する」というような自我意識が存在するから、このような意識の成立する基体としてアートマンなるものの存在を、われわれは、容認せざるを得ない。

「意識する」という事実が、アートマンの存在を証明しているというのである。アートマンが直証されるものであるということは、後世ミーマーンサー学派のうちクマーリラ派の説くところであり、プラバーカラ派の哲学説との相違点を構成している。[5] 以上に紹介したこの限りにおいては、近世西洋における自我の自覚に基づく自我の存在の論証と著しく類似していると言い得るであろう。

さらにデカルトが主張しているのとほぼ同じ議論が、インドではすでに中世にシャンカラ（八世紀前半）によって述べられている。シャンカラは、アートマンの存在の証明を手がかりとして絶対者（ブラフマン）の存在の内省的証明を述べている。

『あらゆる人はアートマン（自己）の存在することを意識する。決して「われは存在しない」とは考えない。実に、もしもアートマンの存在が確定していないのであるならば、一切の人々は「われは存在しない」と意識するにちがいない。[6]』

ここまでの議論は、デカルトの自我の存在の論証を思わせるものがある。また、かれは『アートマンを否認することはできない』といって、その理由として『何となれば、否認する人その人のアートマンなのであるから(7)』と説いている。

その理由はまた次のように詳しく説明されている——

『そうして、アートマンはまさにアートマン(自己)であるが故に、それを否認しようとする考えは成立し得ない。実にアートマンは、何人にとっても外来的(āgantuka)なものではない。何となれば、それはそれ自身によってすでに成立しているものなのであるから。実にアートマンはアートマン(自己)の正しい認識に依存して成立しているのではない。何となれば、未だ成立していない認識の対象(prameya)を成立せしめんがために、直接知覚(pratyakṣa)などの正しい認識方法がアートマンによって用いられるのである。実に虚空などの物は、正しい認識方法(によって知られること)とは無関係に、それ自身によってすでに成立しているものであるとは、何人も考えない。しかるに、アートマンは正しい認識などの活動の基体たるものであるから、正しい認識作用などの活動よりも以前に成立している。そうして、このようなものを否認することは可能ではない。何となれば、外来的な物(āgantukaṃ vastu)を否認することはできるが、(否認する者)自身を否認することはできないから。すなわち、それは否認をなす人その人の自体なのであるから。実に火の熱さは火によっては排除されない。さらに「わたくしみずからいま、現在の事物を知る。」「わたくしみずから、いま、過去の、およびより一層過去の、事物を（かって）知った。」「わたくしみずから、未来の、および、さらに未来の事物を（のちに）知るであろう。」というとき、知の対象は過去・現在・未来の状態によって変化するけれども、知の主体（知者 jñātṛ）の変化は存在しない。何となれば、知者は常に現在すること（永遠の現在 sarvadā vartamāna）をその本質としているのであるから。同様に、身体が灰に帰したときにも、アートマンは断絶しない。何となれば、アートマンの本質は「現在」なのであるから。またアートマンが他の本質を有するということは、想像もできない。[8]』

また、内我（pratyagātman）は『自我観念の対象』（asmatpratyayaviṣaya）であり、『直接知で知られるもの』（aparokṣa）であるという。[9]

シャンカラの主張が、あまりにもデカルトのそれと一致していることに驚きを禁じ得ない。

ところが、一般インド人にとっては、アートマンなるものは、個人的自我であると同時に、また普遍的自我であるとして表象される傾向がある。そこでインド的特徴の顕著な哲学者の場合には、個人的自我の存在の確認から、直ちに普遍的自我の存在の論証へと飛躍して行くのである。インドの代表的哲学者と目されるシャンカラはいう、『また「絶対者」（ブラフマン）はあらゆる人のアートマンであるから、ブラフマンの存在することが確定する。何となれば、あらゆる人はアートマン（自己）の存在することを意識する。決して「われは存在しない」とは考えない。実に、もしもアートマンの存在が確定していないのであるならば、一切の人々は「われは存在しない」と意識するにちがいない。そうして、（あらゆる人がその存在を承認しているところの）アートマンは、ブラフマンである。[10]』と。

上述の自我の存在の論証が直ちに、神に対応する絶対者の存在の証明として用いられたのである。

〈自我の自覚〉の所論に関する限り、シャンカラとデカルトとは軌を一にしている。そこから出て来る結論は何か？　先ず独我論（solipsim）が成立するのではないか、と考えられる。

しかし独我論というものは、理論的な難点を内含している。〈われ独りのみが存在する〉と主張することは、われ以外の人々、汝、かれ、の存在を前提としているのである。そうして相互の人格的対立を可能ならしめる、より高き原理の存在を承認せざるを得ない。

まさにその問題に内在する理論的必然性にしたがって、両哲学者はより高きものの存在の承認に向って飛躍するのである。

デカルトによると、自我の認識は神の認識を内含している。すなわち自我は神とは独立に存在するものであるということを知っている。しかし自我の性質、自我が何であるか、ということは、ただ神を通して、あるいは神との関係においてのみ知り得るのである。

『無限なる実体のうちには有限なる実体のうちにおけるよりも多くの実在性があること、また従って無限なるものの知覚は有限なるものの知覚よりも、言ひ換へると、神の知覚は私自身の知覚よりも、いはば一層先なるものとして私のうちにあることを、私は明瞭に理解するからである。といふのは、もし私のうちに、それとの比較によつて私が私の欠陥を認めるところの何等か一層完全なる実有の観念が存しなかつたならば、いかにして私は、私を疑ふこと、私が欲求すること、言ひ換へると、或るものが私に欠けてゐて、私はまつたく完全ではないこと、を理解したであらうか。(11)』

神を認めたことによって、その所論はさらにとめどなく進展する。

デカルトは、人間がその知識の確実性と妥当性については神に依存しているということを確信していたばかりでなく、神は人間が生成される原因であり、また人間が時間の中で刹那刹那にその存在を継続していることの原因であるということを確信していた。(12)

ここには論理の飛躍がある。或るイスラームの学者は デカルトを次のように批判した。『デカルトによると、知識が自我の存在にのみ限られているかぎりは、知識の範囲と価値は極度に制限されたままである。なぜなら、あらゆる感官的知覚と数学的論証にはつねに疑惑がつきまとったままであるから。実に神の存在の証明によってのみ物理的実在と抽象的原理の知識が確保されるのである。神の真理性と善意との保証がなければデカルトの建てた認識論的大建造物は依然として空虚で動揺し易いものであろう。(13)「自我または 心の存在より 以外の他のすべてのものの認識は神の認識に依存している。[14]』

イスラームの学者はこのように批判したにもかかわらず、神の認識をその所論の前提として承認しているという点において、デカルトの設けた路線の上に依然としてとどまっている、と言うことができるであろう。それは、神の存在を前提として承認するという社会的要請が、デカルトの場合にも、イスラームの哲学者の場合にも、哲学的思索を支配しているからである。〔両者のあいだに歴史的連絡があるかどうか、ということは、この場合問題とならない。〕

インドの哲人の所論は、議論のすすめ方がほぼデカルトと軌を一にしているにもかかわらず、そこに大きな相違を認めることができる。

デカルトが右の立論から神の存在を認めたのに対して、インドの哲人たちはそこからブラフマンの存在を論証している。ウパヴァルシャやシャンカラの議論は近世インドにおいて若干の伝統的学者（paṇḍit, pundit）たちによってそのまま承認されているから、近世においても「自我の自覚」から導き出される結論は、ヨーロッパとインドとではかなり異なっていたらしい。

デカルトにおいては自我は神とは異なった存在であるが、シャンカラにおいては自己はそのまま絶対者ブラフマンなのであって、両者が別異であると考えるのは迷妄にすぎない。自我（アートマン）と絶対者が同一であるということを、シャンカラは当然のこととして受けとっていたが、西洋人は決してそのようには考えなかった。西洋人によると、人間の自我と神とのあいだには絶対の断絶があるのである。ところがヴェーダーンタや大乗仏教によると、自我（自己、アートマン）は絶対者と同一であるか、あるいは連続しているのである。ここにわれわれは東と西とのあいだにおける大きな相違を認めざるを得ないのである。

この見解の相違は、日常生活における挙動の相違を基礎づけている。西洋人が合掌するのは、神に対してだけである。ところがインド人や南アジアの人々は互いに合掌する。それは各個人のうちに存する〈本来の自己〉（アートマン）が絶対のものであるからである。現実に生きている人間は、汚れにまつわられている者であるかもしれない。しかしその奥に潜んでいる絶対のもの（アートマンまたは仏性）は絶対的意義あるものであるから、それで、いかなる相手をも合掌して拝むのだと言うのである。

このような論証の相違を前にして、われわれはさらに考えねばならない。どちらが正しいのか？

デカルトは、より完全な存在者（＝神）の観念が自分のうちにあって、それに比較して自分の欠点が認められるのであるから、神が存在するというが、この議論は神の存在を証明する一種の存在論的証明であって、この点ではデカルトは中世以来の存在論的証明の域を出ていない。

自分が欠点の多い者であるという自覚は、自分より欠点の少ない立派な人に対する畏敬の念を起こさせる。しかし完全無欠な人である〈神〉というのは、抽象的思惟にもとづいて構成されたものではなかろうか？

　またシャンカラは個人的自己は最高我（paramātman）と本質的には同じものであるが、ただ無明（avidyā）、迷いがそこに加わって個人的自己を成立させているという。

　しかし迷いの無い最高我というものが実際に存在するであろうか？　それも抽象的思惟によって構成されただけのものではなかろうか？

　自我の自覚から導き出される結論は、われわれが〈自我〉とか〈自己〉として自覚するものが否定できないとともに、何かしらそれを超えたものがあるにちがいないということである。その両者あるいは両領域がどのようにかかわり合っているか、という問題を、われわれはさらに追求しなければならない。

（1）野田又夫訳『方法序説』（『世界の名著』22、中央公論社、一八八ページ）
（2）井上庄七・水野和久訳『哲学の原理』（前掲書、三三三ページ）
（3）『ヴァイシェーシカ・スートラ』三、二、一四以下。
（4）*Nyāyamañjarī*, Viz SS. X, p. 429.（中村元『インド思想の諸問題』八五ページ）
（5）*Sarvadarśanasamgraha* VIII, 37. A. B. Keith : *The Karmamīmaṃsā*, p. 71.

(6) Śaṅkara ad *Brahmasūtra.* I, 1, 4 (Ān SS. vol. 1, p. 28, *l.* 1f ; *Bibliotheca Indica.* p. 32, *l.* 4. cf. p. 78, *l.* 6)
(7) 同。
(8) 同、二、三、七 (vol. II, pp. 15—16)。なお、三、二、二二 (p. 224, *l.* 6) 参照。
(9) 同、一、一、一 (vol. I, p. 11, *l.* 1)。
(10) 註 (6) に同じ。
(11) デカルト『省察』三 (三木清訳、岩波文庫、一九四九年、六八ページ)
(12) *Meditations* III ; *Principles,* pt, I, 21 ; and *Reply to Objections,* V. S. M. Najm : op. cit. p. 140.
(13) S. M. Najm : op. cit. p. 139.
(14) *Principles.* pt. I. 13.

自我の本体

この自我は〈実体〉と見なされることがある。霊魂を実体とみなす思想は非常に古く、すでにアリストテレス(1)などギリシア哲学以来たどれるものであるが、自我を実体と見なしたのは、特にデカルトにおいて顕著である。(2)

実体としての自我を想定したのは、インドではニヤーヤ・ヴァイシェーシカ学派であった。この学派では、意識（buddhi または jñāna）はアートマンの特質であるのみならず、アートマンという精神的実体の存在を証明し得る証拠であると考えた。デカルトもまた「われが意識する（cogito）」という万人周知の事実から出発したが、その自覚は意識それ自体の存在を証明するのみならず、意識を属性としている精神の存在を証明する証拠でもあったのである。

すべてを否定した結果として精神の実在を証明したという点で、ニヤーヤ学派もデカルトも共通である。しかし、両者の否定的方法には差異が存する。ニヤーヤ学派は推論を用いてアートマンの存在を論証している。ニヤーヤ学派の論法は次のごとくである。

「Xはaであるか、bであるか、cであるか、dであるか、いずれかである。Xはbでもなく、cでもなく、dでもない。ゆえにXはaである。」

すなわち意識が所属しているところの実体は、(a)物質的な原子であるか、(b)身体であるか、(c)感覚器官であるか、(d)心であるか、(e)これら以外の他のものであるか、いずれかである。ところで意識が内属しているところの実体は物質的な原子でもないし、身体でもないし、感覚器官でもないし、心でもない。だから、意識は、以上に挙げたそれらのものと異なるもの、すなわち、純粋の精神(アートマン)に内属しているのである、という推論を立てる。ここではインド論理学における残余法(śeṣavat)と称する論証法が用いられているのである。

以上に列挙したabcdeというような相互排除(disjunction)は、経験を分析し、abcde等のどれも意識の属する実体とはなり得ないということを確認して、右の残余法による推論を成立させている。ところがデカルトは、われわれは何ものをも否認することはできるが、意識している意識を否認することはできない。それは精神の存在を証するものである。ところで精神の存在を証する〈意識していること〉という事実は、精神に属するものであるのみならず、直接経験であり、それ自身によってそれ自身を確立しているものである。(この議論はインドではクマーリラ学派が特に主張するものである。) ニヤーヤ学派におけるように推論によって達せられたものではない。

しかしニヤーヤ学派においては意識はアートマンにとっては非本質的な偶有的なものであるにすぎない。すなわち意識は、輪廻の状態においてのみ、すなわち経験的生活においてのみアートマンに属しているのであって、解脱とともに終止する。すなわち意識は永久に精神に内属しているものではない。われわれが眠っているときにも、われわれは意識を失っているではないか。ところがデカルトにとっては、意識は、自我の本質なのであり、意識のない自我というものはとうてい考えられない荒唐無稽のものである。ここに、自我と意識との関係についての、ヨーロッパ的通念とインド的通念とのあいだの大きな差異を認めることができる。

またニヤーヤ学派とデカルトとにはさらに次の相違が存する。デカルトによると、意識はそれ自身を定立するし、また意識のはたらきにおいて意識している自我を定立する。それでは意識している実体としての心は物質世界からまったく切り離されているにもかかわらず、心が物質世界を意識するということはいかにして可能であるか、ということが、かれの問題となった。そこでデカルトは、かれの representative perception の説によってこの問題を解決しようとした。この理論はのちにジョン・ロックが人間の知識の起源を説明する場合に採用された。

ところがニヤーヤ学派によると、観念 (ideas) は模写でもなければ、representation でもない。

その本質は対象を現わし出すことである。それは、外界の対象から切りはなされた意識の世界のうちに現出された諸対象の duplicate（複写）または replica（模写）ではない。意識そのものは形相（ākāra）をもっていないが、意識の本質は意識自体とは異なる対象を現わし出すことである。

意識自体とは異なる対象を現わし出すという、読者は「現象学」を想起されるであろう。主観と客観との対立を括弧にいれて、概念自体とか命題自体というものがあって、それが意識のうちに現われるという思想は、現象学の先駆者（例えば、ボルツァーノ）のうちに成立していたが、インドでは仏教の説一切有部の哲学や、バルトリハリの哲学のうちに認められるところである。

しかしニヤーヤ学派は認識主観（ātman 乃至 manas）という実在する原理を想起していたから、現象学とは区別して考えられるべきである。

この点でニヤーヤ学派の意識論もむしろ最近代のイギリスの哲学と共通の主張をもっていると言われている。ムーア（G. E. Moore）によると、例えば緑の感覚という意識作用は、赤の感覚という意識作用と相違していない。両者を互いに区別することはできない。ただ感覚する対象が異なっているために、この二つの意識作用を区別することができるのである。意識している対象を離れて意識をそれ自体として把捉しようとすると、意識はまったく空虚なものとなる。しかしムーアが意識は対象とはならぬということを強調するのに、ニヤーヤ学派は意識をアートマンの性質（guṇa）と見なして、それを対象的なものとして把捉する。

意識を対象として、意識を意識するということを、ニヤーヤ学派では anuyyavasāya という。これはイギリスの哲学者レアド（John Laird）によって問題とされたことであるという。

ともかくヴァイシェーシカ哲学においては、アートマンは実体（dravya）の一つである。『ニヤーヤ・スートラ』のうちにはアートマンが実体（dravya）であると明言している個所はないが、アートマンの種々なる属性（guṇa）に言及し、またそれらがアートマンに内属（samavāya）していることを、しばしば説いているから、やはりこのスートラ自身がアートマンを実体とみなしていたのだと解することができる。

そのほかインドには精神作用の主体を客観的事物と同様に客体的に〈実体〉と解した哲学者たちがいる。ミーマーンサー派はそれであり、またヴェーダーンタ学派においても、たとえばパルトリプラパンチャはこのような思惟傾向が著しい。

シャンカラの伝えているところによると、パルトリプラパンチャはアートマンに関して次のような議論を述べていた。『アートマンなる実体には、本来唯一性（ekatva）と雑多性（nānātva）とが存在する。たとえば牛たちの間には、「牛という実体であること」（godravyatā）による同一性と、頸部に垂肉などの諸特性相互の間における区別とが、存在するようなものである。あたかも（感覚されうる）粗大なる物の中に同一性と雑多性とが存するように、それと同じく、不可分にして無形態なる実体（虚空など）のうちに同一性と雑多性とが存する、と推知されるべきである。

何となれば、(その道理は)すべての場合に例外がないということが、経験されているから。アートマンに関してもまた、それと同様である。見る作用などの相互の別異性(雑多性)と、アートマンとしての同一性とが存在する。——と。[3]』

この論旨はアーナンダジュニャーナによると次のように要約されうる。

『(主張)論題とされたもの(=アートマン)は、有差別かつ無差別(bhinnābhinna)である。

(理由)物(vastu)なるが故に。

(実例)たとえば牛などの場合のごとし。[4]』

そうしてブラフマンに関しても同様にいうことができるから、ブラフマンは有差別かつ無差別、一而不一であるという結論が得られるのである。

しかしニヤーヤ・ヴァイシェーシカ学派のように、自己(アートマン)を限定された実体と解することは、古代インド思想としては例外であった。そうしてこれらの哲学者たちといえども、やはり精神作用の主体を主体的な「アートマン」と呼んでいる。したがって彼らもそのような呼称を用いた限りにおいてはやはりインド人一般の哲学的通念に従い、それを前提としているのである。かれらが客観的な自然哲学を説いたとしても、それはインド人一般の思惟方法に対して批評的であり、それにさからっていたというだけにとどまる。

古代インド人一般は、自己を対象化することを好まず、主体的なものとして理解する傾向が強かった。自己を反省して自己省察を行なう場合にも、その自己を対象的なものの位置において客体的に把捉することを好まなかった。「自己を……と思う」「自己を……と称す」というときに、その「自己」を西洋の諸言語では対格で表示するが、サンスクリット語の古い層の用例においては主格を用いている。「私はほろびてしまうだろうと思っています〔と大地は言った〕」parābhaviṣyantī manye (*Tait. Saṁh.* II, 5,1,2)『かれは、(みずから)学習し終えた、とどうして言うことができるだろうか[5]。』kathaṁ so 'nuśiṣṭo bruvīta (*Chānd. Up.* 5,3,4) 人格を主体的なものとして把握しようとしたのである。

したがって以上に挙げた哲学者たちは、インドとしては有力傾向ではなかったけれども、ともかくアートマンを個別的な実体と見なしていた点では共通であり、そうしてこの点では近代西洋の右の哲学者たちとも共通であった。

ところで自我を〈実体〉とみなす見解は論理的に一つの誤謬を含んでいる。「実体」とか「性質」とかいうのはカテゴリーであって、現象世界についてのみ適用され得るものである。経験世界においてのみ適用され意義をもつところの「実体」というカテゴリーを、経験世界をこえた領域においても意義をもつと考えて、自我を実体としてとらえたところに、デカルトやインドの自然哲学者たちの誤謬がある。自我は疑えないものであるが、それが実体であるという結論は、そこから出て来ないのである。

さて以上のように個別的な自我を実体と見なす思想に対立して、あらゆる自我を含むような大いなる実体を考える思想も現われた。スピノーザ（一六三二―一六七七年）によれば、『実体とは、それ自身のうちに在り且つそれ自身によって考えられるもの、換言すればその概念を形成するのに他のものの概念を必要としないもの、と解する。』（第一部、定義三）[6]〈実体〉のこの定義は、ヴェーダーンタ哲学の〈ブラフマン〉についても、ほぼ適用して偏差が無い。（それは比較思想研究の多くの学者の承認するところである。）

しかしまた両者のあいだに大きな相違も存在する。インドで最も有力であった思想潮流、すなわちウパニシャッドからヴェーダーンタ哲学、ヒンドゥー教にいたる系統においては、自己すなわちアートマンを根源的な自我すなわち絶対者と同一視し、それをただアートマンと呼ぶこともあるが、また限定を付して「最高我」（paramātman）と称することもある。すなわち、これらのインド人は、個人存在の主体としての自己と絶対者としての本来の自己との間に密接な連絡があると考えて、そのいずれをもアートマンと呼んだのであるが、ときには両者を区別して前者を「個我」（jīvātman）、後者を「最高我」（paramātman）と呼んだのである。しかしそれにしても、やはり両者ともに「アートマン」（我）、という一つの類概念の中に包摂さるべきものであると考えていたことには変りない。ところが西洋の哲学者の間ではスピノーザなどの一元論哲学者に見られるように、〈実体〉の観念は成立したが、それを〈最高我〉と呼ぶことは成立しなかった。それは西洋思想史においては、個人存在のうちに潜む主動的原理を〈精神〉、〈霊魂〉として捉えることはしばしばなされたが、〈自己〉と呼ぶことが稀であったのに対応している。

インド哲学の主要傾向は汎神論的であると、しばしば主張されている。たとえばウパニシャッドの哲人シャーンディリヤ[7]によると、絶対者ブラフマンは『思惟の真実なる者』『意図の真実なる者』であり、自己の思惟・意欲がそのまま現実に実現されるのである。それは『一切の行為をなし』『一切の欲望を具え』『欲するがままの相を現ずるもの』である。したがってそれは『一切の香を有し、一切の味を有する。』それは無限大であり、『万有に遍在していて』『意のごとく速やか』であり、『一切の方角にわたって支配している』という。ところで、絶対者をこのようなものとして把捉するということは、かならずしもシャーンディリヤのみの独自の哲学説ではなかった。現にわれわれは、古代ギリシアのエレア学派のクセノパネースの「神」の観念も、著しくこれに類したものであることを知っている。

クセノパネースによると『〔神は〕全体として見、全体として考え、全体として聞く[8]』と主張したという。そうしてシャーンディリヤが、絶対者は『意のごとくに速やか』であると言ったのに対して、クセノパネースは『知慧（sophiē）は人間あるいは馬の力に優《まさ》る[9]』と説いたという。シャーンディリヤが、絶対者は、自己の思惟・意欲がそのまま現実に実現される、と考えたのに対して、クセノパネースによると、『神は労することなく心（nous）の思いもて凡てのものを揺り動かす[10]』。シャーンディリヤが、「ブラフマンは万有に遍在している」と説いたのに対して、クセノパネースは、『神は少しも動くことなく、常に同じところに止まっている。或いはここへ、或いはそこへと歩き廻るは神にふさわしきことではない[11]』と断言した。

このように、インドのシャーンディリヤもギリシアのクセノパネースも、絶対者の特徴として述べていたところは共通であったにもかかわらず、両者のあいだには本質的な相違がある。シャーンディリヤがギリシアの哲人と異なっているところは、かれがこの絶対者を本来の自己（アートマン）と同一視した点に存する。

経験的なものを疑って〈自我〉の特別の意義を認めようとしたところに、シャンカラ哲学の独自性があるが、個人を超えた〈大我〉、〈最高我〉とはいかなるものであろうか。それが個別的な自我の単なる総和にすぎないような印象を与えるところに、シャンカラ哲学の弱点があると思われる。むろんシャンカラ哲学の立場に立つ伝統的学者たちは〈そうではない〉と答えるであろうが、〈最高我〉なるものが個別的な自我の単なる総和にすぎないものではないということを、いかにして論証し得るのであろうか？

シャンカラ哲学においては個人の意識が確立していないので、近代建設のための哲学とはなり得ない、ということが、インド人のあいだでしばしば指摘されている。

個人的な自我が同時に、経験的な個人存在を超えたものでなければならぬという思想は西洋でも無縁ではなかった。その適例はフィヒテである。フィヒテは自我を形而上学化し、絶対的自我から一切を導き出そうとした。しかしそれは、自我対立を前提とした"das Ich"の観念を前提としているのであって、恐らく〈本来の自己〉というようなものとは区別されるべきであろう。[12] すでにルドルフ・オットー（Rudolf Otto）が指摘したように、フィヒテの哲学は、シャンカラの哲学と多分に共通の特徴をもっているので、この問題は改めて考察されるべきであろう。

一元論の哲学は〈個〉を基礎づけ得ないという、インドの主流思想に顕著なこの難点は、西洋の一元論哲学にも同様に認められると思う。スピノーザの哲学においては「精神」「思惟」に関する議論は大いに述べられているが、〈自己〉の問題はついぞ出て来ないようである。ヘーゲルの哲学でも、唯物弁証法でも、個人の独立性の問題をどう説明しているのであろうか？　わたくしには理解できない。

むろんその陣営の人々からは、次のような反論が成立するであろう。——ヘーゲルは決して個人の問題を無視していたわけではない。個と全との対立の問題を当然のこととして考えている。『ヘーゲルによれば、有限者を超越し有限者から断絶した絶対者というごときものは実は真の意味において絶対者といわるべきものではない。何となればかかる絶対者にとっては有限者はその外部に存在すると考えられなければならないが、かく有限者を自己の外部に有するものとは単に有限者に対立するものであり、したがってそれ自身一つの有限者に外ならないからである。真実の絶対者は一切の実在性を自己のうちに含むものであり、したがって有限者に対立するものではなく、むしろあらゆる有限者を自己のうちに包括するものでなければならない。(13)』真実の絶対者は有限者を自己のうちに含むものとして考えられた無限者、真無限、である。『真無限は無限者と有限者との対立、すなわち悪無限と有限者との対立を越え、この両者を自己のモメントとして含んでいるところのものである。(14)』『無限者はそれ自身においてすでに無限であると同様に有限である。(15)』

ところで、かれによると、絶対者すなわち精神は歴史全体を貫いて存在する。歴史性をいうことは絶対者の本質である。ヘーゲルにあっては歴史というものが哲学の中心課題であり、神は世界精神として現われる。しかし世界歴史というものは、現実には、人間自身の営みの世界である。個々の人間は必然性によって決定されてしまうという側面のあることは否定できないが、しかしそれにもかかわらず、人間各個人は、何をなすべきかという行為の決断を自由になさねばならない。

ところがヘーゲルの場合の自由とは、人間各個人の実践的事実としての自由ではなくて、精神あるいは神自身の自由である。ヘーゲルは問題の所在を真に自覚せず、そのため問題をこのように変形してしまった。(16)

特にかれの哲学においては、人間理性の内在的生活活動において、国家は最高の地位を占める。

国家は道徳的理念の実現であり、可見的となった民族精神である[17]。むろん国家の目的は、それの包む小さな諸々の社会や個人の支持なくしては実現され得ないということを、かれも承認してはいたのであるが、かれは、それを重んじなかった[18]。したがってヘーゲルの理性的思惟に対する反撥は、当然、反普遍、すなわち個別の尊重となる。そうしてその究極は、他のいかなるものにもいいかえられ得ない純粋な個の主張を喚び起こすことになる。前世紀末から今世紀へかけての実存の主張の昂揚は、その線につらなるのである[19]。

このような反省は、現在の世界においては非常に重要である。何となれば、地球の上の半数の人間が、かれらの属する国家権力によって史的唯物論を国教的な哲学(「国体の本義」!)として奉じているが、その思惟はヘーゲルにつらなるからである。

このような思惟——絶対精神の理論から史的唯物論に至るまで——は、個の問題を解決しない。わが子が亡くなったのを嘆いて、恐山《おそれざん》の地蔵尊に詣でている農婦の悩みは、絶対精神の理論や史的唯物論を百万遍説いて聞かせても、解決され得ないであろう。

自我あるいは自己を実体と認める以上の見解を第一種とするならば、第二種の見解として、自我あるいは自己を、種々の構成要素の形成する総体にすぎない、と解する思想も成立する。

第二の見解の、西洋における代表者はヒュームである。かれは自我の実体性を否定し、自我は

〈観念の束〉にすぎないと主張した。『日常の生活では、明らかに、自己や人格といった観念は固定した、定まったものではけっしてない。[20]』かれは固定的な自己の観念を排斥した。

『哲学者のなかには、「自己」と呼ばれるものを、われわれはいつでも親しく意識しているのだと思っている者がいる。つまり、自己の存在、およびその存在の持続をわれわれは感じており、また、自己の完全な同一性、完全な単純性について、論証による明証性以上に確信しているのだと思っているのである。

しかし、不幸なことに、これらすべての肯定的な主張は、それを裏づけるために引き合いに出されるまさしくその経験に反しており、そこで説明されるような仕方では、自己のいかなる観念もわれわれは持っていないのである。……

私だけについて言うと、私自身と呼ぶものに最も奥深く入り込んでも、私が出会うのは、いつも熱さや冷たさ、明るさや暗さ、愛や憎しみ、快や苦といった、ある特殊な知覚である。どんなときでも、知覚なしに私自身をとらえることはけっしてできず、また、知覚以外のなにかに気づくことはけっしてあり得ない。……

そこで、私は次のように確信してもよかろうと思う。すなわち、人間とは、思いもつかぬ速さでつぎつぎと継起し、たえず変化し、動き続けるさまざまな知覚の束あるいは集合にほかならぬ、ということである[21]』。

ここで知覚という語は、はなはだ曖昧で、普通解せられるように、外的な可感的事物をかれは「知覚」と呼んでいることもあるが[22]、広義においては心作用一般を意味していたらしい。『知覚は心が観念について働かせる最初の機能だが、同様に、内部から得る最初の最も単純な観念で、人によっては思考一般と呼ぶ』ともいう。かれは、自我を個々の心作用という要素に分解してしまった、と言い得るであろう。

右の思想に近いものを古代東洋にもとめるならば、伝統的保守的仏教（いわゆる小乗仏教）における個人存在に関する見解であろう。それによると、個人存在 (pudgala) は多くの構成要素（ダルマ）より成る。それらはいちおう次のように分類され得る。

個人存在
1 物質的なかたち（rūpa 色）
2 感受作用（vedanā 受）
3 表象作用（saṃjñā 想）
4 形成作用（saṃskāra 行）
5 識別作用（vijñāna 識）

これらの五種類の構成要素（五蘊）はつねに変遷しているが、これらが集合して個人存在が構成されているというのである。

原始仏教ないし伝統的保守的仏教の説くところとヒュームの所論とは非常に良く似ている。ただしヒュームの所論は以上でとどまっているのに対して、原始仏教では、もう少し込み入った、含蓄のある表現をしている。

個人存在を構成している諸要素を五蘊であると解するようになったときには『五蘊を、(アートマンとは異なった)他のものとして見る。アートマンであるとは見ない。[24]』と説くようになった。そうして経典のうちのやや遅い部分には、次の定型句がしばしば繰り返されている。『色(受・想・行・識)は無常である。無常であるものは苦である。苦なるものは非我である。非我なるものはわがものではない。これはわれではない。これはわがアートマンではない。』対話のかたちでは、次のように述べられている。

「修行僧らよ。汝らはどのように考えるか? 物質的なかたちは常住であるか、あるいは無常であるか?」

「物質的なかたちは無常であります。尊い方よ。」

「では無常なるものは苦しいか、あるいは楽しいか?」

「苦しいのであります。尊い方よ。」

「では無常であり苦しみであって壊滅する本性のあるものを、どうして『これはわがものである』『これはわが我（アートマン）である』と見なしてよいだろうか？」

「よくはありません。尊い方よ。」

以下、感受作用、表象作用、形成作用、識別作用についても、同様の問答が繰り返されている。(25)

この議論においては、世人の理解する〈自我〉なるものが、右の五つの構成要素より成るものであるという思想が前提とされている。何かしら実体的なものを否定しているところに、「われわれの経験するものは〈非我〉である」という思想が成立する。

世間の凡人ならびに哲学者たちはアートマンを想定し、アートマンを求めている。しかしわれわれ人間の具体的存在を構成している精神的あるいは物質的な要素ないし機能のいずれをも、アートマンと解することはできない。それらは絶えず変化するものであるから、常住不変なるアートマンに相反している。またそれらは苦を伴うから理想的・完成的実体としてのアートマンとは異なるものである。では、われわれの自己（アートマン）はどのようなものであるか。それは対象的には把捉されえない。世人がアートマンなりと解するかもしれないいかなる原理あるいは機能も、実はアートマンではない、またアートマンに属するのでもない。――これが無我説の大要である。したがって初期の仏教は「我が存在しない」と主張したのではない。ただ客観的・実体的あるいは機能的なアートマン観に反対したのである。アートマンは存在するか、あるいは存在しないかという問題に関しては、初期の仏教徒は沈黙を守っていた。そうして、実践を基礎づける原理としてのアートマンを想定していたのであった。

しかしこれに対してヒュームの場合には、自我とは観念の束であるという点のみが強調されて、実践的な意味の〈自己〉というものを考えていないようであるから、ではいかにして実践を基礎づけるかということになると、理論的に薄弱であるように思われる。

自我が実体であるか、あるいは単なる諸心理現象の総括であるか、今日にいたるまでこの問題はまだ解決がついていないし、また簡単に解決できることでもないであろう。しかし、われわれは常に主体的な個人として行動しているのであるから、行為的主体としての自己を否定することはできない。

ところで〈われが考える〉〈われが意識する〉という反省から出発するというのは、知識人らしい懐疑を前提としている。しかしわれわれにとっては、より根源的な、より直接の事実として〈生きている〉ということがあるのではなかろうか。

イスラームの世界ではすでに哲人アル・ガザーリー（Abu Hamid M. Al-Ghazālī 一一一一年歿）が自我の存在の問題を論じていた。かれによると、われわれは知識の普通の根拠を検討しなければならぬ。かれは知識の根拠を感官的知覚と必然的知覚と必然的真理または理性の真理とに区分する。自我の知識は経験的に一般化し得るものではないし、また論理的に演繹し得る事柄でもない。自我の存在を自覚することは、強度の自覚であり、直接経験または直観である。厳密に言うと、自我の存在は、通常言うような意味において証明され得ることではなくて、むしろ明晰分明に把捉されることなのである。(26) これはまさにウパヴァルシャなどのヴェーダーンタ思想家たちがアートマンの存在を証明するために主張したことなのである。

他の学者の要約によると、アル・ガザーリーは、

「われは考える。ゆえにわれ有り」

ということを発見したのちに、かれはこの命題をさらに吟味して、

「われは生きている。ゆえにわれ有り」

と主張するようになった。(27)

右のイスラームにおける思惟が近世西洋思想にどれだけ影響を及ぼしたか、わたくしにはよくわからぬが、この反省のほうが人間にとってより根源的であるということが言えよう。

むかしの日本ではこういう抽象的思索は展開されなかった。しかし西行が、

「としたけてまたこゆべしとおもひきや
いのちなりけり佐夜の中山」

とうたったときには、〈生きている〉という自覚に全身を以てする喜びと、いとおしさを感じたのではなかろうか。

われわれは〈生きている〉という自覚、反省から出発したい。〈生きている〉ということは、抽象的思索の結果到達して知り得た結論ではない。なんぴとでも日常生活において実感していることなのである。

われわれは生きて行くためには働かねばならぬというきびしい現実を、身の髄に滲みわたるまで実感している。生活するためには、われわれは食料、衣料、住居などを必要とする。それらのものは、無数に多くの他人がつくってくれたものである。われわれはそれらの人々に依存して、またそれらの人々に助けられて生活しているのである。われわれは、人々とともにあり、人々のうちにある。（だから「人間」、ひとのあいだ、という呼称が適合するのである。）〈独我論〉（Solipsism）ということは、机に寄りかかって懐疑に耽っている哲学者にとっては可能であるかもしれないが、生きてはたらいている人にとっては、何の意味ももたない観念の遊戯にすぎない。

戦後、三十年近い長い歳月を、ただ一人で密林のなかで暮らしていた兵士がいた。かれらは人人から離れて暮らしていたのであり、個人が人々から孤立し得ることを示す良い証拠ではないか、と考えられる。

しかしその人は、ほんとうに孤立していたのであろうか？　その人は、たとえ孤独でいても、人間のつくった道具を用いていた。また一人で生きて行くための種々の〈生活の知慧〉なるものは、かつて他の人々から修得した知識にもとづいたものであったにちがいない。そうして周囲の原住民に近づくのを頑なに拒否した態度は、昔うえつけられた「生きて虜囚となるなかれ」という厳命が、なおその人を支配していたからにちがいない。だからその人は、孤独の生活をつづけながらも、ただ〈人々のうちに〉生きていたのである。

さらに人間の生命というものは、個人が全く孤立していたならば、存続し得ない。人は、生まれた瞬間から男であるか、女であるか、いずれかである。そのことは、人は存続するためには、異性の人を必要としているのである。かりに個々の人をA、B、C……で表わし、未来に向っては、男性を＋、女性を－の符号で示すならば、過去に向っては、或る個人Eは

$$E \to (+A)(-B) \to [(+C)(-D) \cdot (+E)(-F)] \to$$

というふうに無限に過去に遡ることができる。その過程は、

$$1 \to 2 \to 2^2 \to (2^2)^2 \to \cdots\cdots 2^x$$

で示され得るし、総和は

$$1 + 2 + 2^e + (2^2)^2 + \cdots\cdots 2^x$$

という大変な数になり、それらの無限に多くの人によって、現在生きている一人の或る個人が影響を受けている。ただしその影響を受けた関係は、すでに確定している。

他方、この関係を未来に向ってたどると、

(＋A)(－B)→＋C∨－C
(＋C)(－D)→＋E∨－E
(－C)(＋D)→＋F∨－F

となる。

一人の男性と一人の女性の生んだ子は、男性であるか、女性であるか、いずれかであるが、それがまた異性と結合すると考えて、記号で示した右の型式を、散文で説明すると、次のようになる。」

（1）すなわち男性である＋Aと女性である－Bとが相即することから、男性である＋C、または（――∨の印で示される――）女性である－Cが現われ出ることになる。

（2）男性である＋Cと女性である－Dとが相即することから、男性である＋E、または女性である－Eが現われ出る。

（3）また（1）から導き出される別の型式として、女性である－Cと男性である＋Dとが相即することから、男性である＋Fまたは女性である－Fが現われ出る。

型式化するとこういうことになるから、僅か二世代のうちに（＋A）は最小限これだけの生命の連続を形成する可能性がある。それは無限に展開するが、世代ごとの子孫の数は不確定である。過去に向っては世代ごとに祖先の人数を確定することが可能であるが、未来に向って子孫の数を世代ごとに確定することは不可能である。未来は、諸条件にもとづく不確定の要素をもっているからである。

個人としての人間は異性を必要とするというこの単純な事実一つを手がかりとしても、個人の〈連帯性による存在〉は疑うことができない。他人から切り離された個人というものはフィクションにすぎない。

異性との連関・交渉による生命の連続も、実は連帯性の一部を説明するだけである。子孫をつくったとしても、現在生存する人がその連続によって〈前につくり出す〉(pro-create)ものは、次の世代の身体と、せいぜい頭脳の生理的作用までであって、思惟方法や思考内容を伝えるためには、実に多くの人々の力を借りなければならない。〈親→子〉の関係は生理的な頭脳まではつくり出し得るが、文化的所産を伝えてくれない。〈家業〉とか〈家学〉というようなものもあるが、それが成立するためには実に無数に多くの人々の力が加わっているのである。

また現在の社会だけについてみても、法律は、他人から切り離された個人を前提としているが、それは法的処置の遂行のためには、不可欠の前提ではあるが、その前提を絶対視することによって人間にまつわるすべての問題を解決することはできない。

だから人間生活のいかなる局面においても、ただ、個人だけを認めて、個人をはぐくむ無限の関係を無視するのは、一つの抽象にすぎない。

それでは絶対に他人とは異なる〈自分〉の独自性は、どのようにして成立するのであろうか?

この問題を次に論ずることにしよう。

（1） *De Anima.*
（2） 『方法序説』第四部（前掲書、一八八ページ）、『省察』三（前掲書、六〇ページ以下）
（3） ad *Bṛhad. Up.* IV. 3. 24―30. ĀnSS., p. 622.
（4） Ānandajnāna ad Śankara's *Bṛhad Up Bhāsya.* p. 622.
（5） Speye : *Vedische und Sanskrit-Syntax,* S. 63.
（6） 畠中尚志訳『エティカ』上（岩波文庫、三五ページ）
（7） *Chāndoyya-upaniṣad* III, 14.
（8） クセノパネース、断片、二四（山本光雄訳編『初期ギリシア哲学者断片集』二七ページ）
（9） 同、断片、二（前掲書、二六ページ）
（10） 同、断片、二五（前掲書、二八ページ）
（11） 同、断片、二六（前掲書、二八ページ）
（12） 一般に西洋哲学史において「自己」(das Selbst) が哲学的概念として扱われることが、いかに少なかったか、ということについては、cf. Eisler : *Wörterbuch der philosophischen Begriffe.* s. v. Selbst なお Hegel : *Enzyklopädie* ; §405 : Zusatz ; §408. 参照。
（13） 岩崎武雄『カントとドイツの観念論』（有斐閣、一九五一年、二六七ページ）

(14) Hegel : *Wissenschaft der Logik*, (ed. Lasson) I, S. 138.（岩崎、前掲書、二六八ページ）。平凡社『世界大百科事典』のヘーゲルの項における同氏の所論も、同じ趣旨である。

(15) ibid. S. 143.（同、二七七ページ）

(16) 同、三二六―三二七ページ

(17) Wilhelm Windelband : *Lehrbuch der Geschichte der Philosophie*, 9. und 10. Auflage. Tübingen, J. C. B. Mohr, 1921, S. 518.

(18) Harald Höffding : *A History of Modern Philosophy*, vol. II (Dover Publications, 1955) pp. 187—188.

(19) 藤田健治『現代哲学の系譜』（創文社、一九六一年）九―一〇ページ。藤田博士のこの書はヘーゲル批判を基盤として幾多の新しい哲学思想の展開した次第を詳細に論じてある。

(20) ヒューム『人性論』第四部、第二節（『世界の名著』27、土岐邦夫訳、四六二ページ）

(21) 同、第四部、第六節（同、四七〇―四七一ページ）

(22) 同、八一ページ。

(23) 同、九四ページ。

(24) *Theragāthā* 1160, 1161.

(25) *Saṃyutta-Nikāya*, XXII, 59. vol. III, pp. 66—68 ; *Vinaya*, Mahāvagga, I, 1, 6, 16 f. *Catuṣpariṣatsūtra*, S. 162 f.

(26) Sami M. Najm : The Place and Function of Doubt in the Philosophies of Descartes and al Ghazālī. *Philosophy East and West*. vol. XVI. Nos. 3—4, July-Oct., 1966, p. 139.

(27) A. R. Arasteh : Some Implications of Persian Psychology in World Perspective.（一九七二年八月、第二〇回国際心理学会における論稿）。

個性的な人格の独自性

〈生きている〉というのは、他人とは取りかえることのできない、絶対に独自の自己として生きていることである。

自分の自己が他人の自己から截然と明確に異なったものであるということが、どうして言い得るのであろうか？「われ意識す。故にわれが存在する」という自覚だけでは、自分の自己が他人の自己とは異なった存在であるということを説明し得ない。それは自分の自己が他人の自己と物体的には異なったものであるということは言い得るかもしれないが、どちらも共通の〈自己〉という類概念のもとにまとめられる一つの項であるにすぎないという運命を免れることはできない。甲の自己が乙の自己と内容的質的にも異なったものであるというわけを説明したり証明することはできない。ここに、西洋の近代的思惟の発端にあったデカルトの自我観の決定的な弱点がある。

ここで登場して来るのが、われの自己が他人の自己と全く異なった実体であるという思想である。その一つの典型、あるいは、西洋における、代表的な典型は、ライプニッツのモナド（単子）論であろう。

個体が個として絶対である所以を、スピノーザやヘーゲルのような一元論的哲学では基礎づけることができない。この難点は、マルクス哲学も共通に所有している。そうしてこの難点は、インドの一元論的なヴェーダーンタ哲学も共有している。

そこで、その難点を避けるために、ライプニッツは、無限に多数の個的実体としてのモナドを想定した。

モナドは、単純にして不可分なるものである。それは『単一なる実体』であるが、〈単一〉とは〈部分が無い〉という意味である。『さて、部分のないところには、ひろがりも、形もあるはずがない。分割することもできない。[1]』その本質は作用する力である。それはあらゆる有限な事物の根底に存在し、みずから働くものである。

このようなモナドは無数に存在して、全宇宙の根本本質となっている。一切のものは、すべてモナドによって成り立っている。

モナドは非物質的な実体である。モナドの本質をなす働きは表象（perception）である。それはわれわれの通常の精神作用のあらわし出す意識的な表象と同じではない。モナドの働きは無意識的な微小表象（petite perception）を含んでいる。

〔ここでライプニッツが perception という語を用いているのは、かれ独自の用法であって、今日の哲学用語でいえば、presentation または representation に近いものであると言わねばならぬであろう。〕

それぞれのモナドは相互に全く独立しているから、表象とは各々のモナドの自己自身の表現（representation）にほかならない。モナドはそれぞれ自己の内部の力によって表象を有し、またこの表象を発展させてゆく。諸々のモナドは相互に窓をもたない。

各主体が個であるということを徹底させた点で、ライプニッツの哲学は行きつくところまで行ったと言えるであろう。

しかし諸々の個が互いに異なったものであるということを、ライプニッツは説明することができない。

なるほど、かれは、

『どのモナドも、他のすべてのモナドと、たがいにかならず異なっている。自然のなかには、二つの存在が、たがいにまったく同一で、そこに内的なちがい、つまり内的規定にもとづいたちがいが発見できないなどということは、けっしてないからである。[2]』

と言うが、しかしかれの立場からでは、諸々の個人は、それぞれ独立の存在でありながら、何故に互いに異なった様相を呈して成長し発展するかというわけを説明することができない。何となれば、諸々のモナドは互いに窓をもたず、相互に影響し合うことが無いはずであるからである。

もしも諸々の個人が互いに異なった存在であるのみならず、互いに異なった様相、すがたを現わして展開する所以を説明し得るためには、諸々の個人に対して、他の個人が、否、宇宙におけるあらゆる事象が影響を及ぼすということを承認しなければならない。そうしてそれらがそれぞれの個人に対して影響を及ぼすしかたが少しずつ異なるからこそ、個人はみな互いに異なった存在として成立しているのであろう。もしもライプニッツ的思惟方法によるならば、諸々の個人が別の実体であるということは説明し得るとしても、諸々の個人が互いに異なったすがたをとっているという事実が成立しているのは何故であるか、という理由を説明することはでき得ないであろう。

それぞれの個人は全宇宙から影響を受け、その影響を受けるしかたが異なるからこそ、互いに少しずつ様相を異にした個人として成立しているのである。

ライプニッツにしたがって、一つのモナドとしてのわれわれの自己と、他の一つのモナドとしての他人の自己とが全然別の実体であるということを仮に認めるとしても、甲という人のモナドと乙という人のモナドが内容的に異なるという所以を説明することができない。それを説明することができない、という点では、カント哲学も同じである。カントは人格についての抽象的一般的な議論を述べているだけで、個々の人格のあいだの内容・色調の相違が何故起こるか、ということを説明しないし、またその立場からは説明できないであろう。

ここに同じ日に生まれた、同性の（男かまたは女で）、体重も容貌も似た二人の赤児、甲と乙、がいたとしよう。甲は美的芸術的訓育を受けて、やがて美的芸術的なセンスが発達したとしよう。乙は体育で鍛えられて、身体が強壮になったとしよう、すると、両人は受けた教育が異なるために、人物・性格までも異なって来たのである。両人が異なった国で育てられると、食物、衣服などについての嗜好までも異なって来る。また育てられた生活圏の言語が異なると、両人の話す言語も異なって来る。そのほか両人の相違をひき起こすための原因は、無数に存在する。

こういう事情を考えると、二人の人が異なった様相をもった人間として成長してやがて社会に現われるようにさせる条件は、無数に存在する。その無数の原因・条件というものは、無限の過去にまで遡ることのできるものである。

このように考えると、無限の過去からの無数に多くの原因・条件が、その二人の人格を成立させているのみならず、その二人の人格の相違、つまりそれぞれの人格の独自性を成立させているのである。

考えてみると、宇宙の中のありとあらゆるものが、その人の独自性を形成しているのである。

（このような原因となる宇宙の一切のものを、仏教哲学では増上縁《ぞうじょうえん》とか、能作因《のうさいん》とよぶ。(3) すべてのものが因となり、縁となると考えるならば、〈因縁《いんねん》〉とよんでもよい。）

原因を幾つかに分類するということは古代西洋でも行なわれていた。アリストテーレスは四種の原因を想定した。これに相当するものはインドのヴェーダーンタ哲学でも認められる。しかし妨げをしないことが一つの原因であるという〈能作因〉のような観念は、古代西洋においては起こらなかった。

わずかに西洋の法学において〈能作因〉に近い観念が成立した。西洋の殊に法学においては、ローマ以来 cau ans と causa sine qua non とを区別する。この二種の観念は、仏教における「因」と「縁」との区別に近い。しかしこの場合 causa sine qua non は、経験され知覚される範囲内において結果の成立に影響を及ぼし得たものだけに限られている。ところが仏教によると、宇宙におけるすべてのものが「縁」の中に含められ、あるいは説一切有部《せついっさいうぶ》における「能作因」のなかに含められる。宇宙における一切のものが何らかの意味で原因となっているという見解は、西洋では近代科学において初めて認められたものである。仏教は近代科学と全く無関係であったにもかかわらず、この点では共通の思惟方法を認めることができる。そうして科学は知覚され得るもののみに限って論ずるのであるが、仏教はさらに原理的な立場に立って、単に知覚され得るものばかりでなくて、考えられ得るあらゆるものについて連鎖の網を考えるのである。その範囲は限定されていない。そうしてそこまで思いを馳せることが、真相をとらえる所以ではなかろうか。

こういうわけであるから、人格の独自性ということは、それぞれの人が受けている無限に多くの原因・条件が異なったものであるということによって初めて説明がつく。もしもそれらの諸原因、諸条件が内容的に全く同じものであったならば、どの人も全く同じすがたのもので、同じ顔をしていて、差異は無いことになってしまうであろう。

しかしいかなる点でも全く同じ二人の人というものは有り得ない。同じ父母から生まれた兄弟でも、種々の点で相当に異なっていることがあり得る。いかなる人も独自の存在であり、他人と代えることのできないものである。それは眼に見えない過去から受けているものが異なるからである。

人が遠い過去から受けている無限のはたらき――これを仏教では〈恩〉ということばで表現している。われわれはありとあらゆるものにはぐくまれているのである。

眼に見える、可視的な経験界においては、人は代置され得るものである。他人を以て代えることができる。現実の、見える世界においては、個人は、幾人かの定員のうちの一人である。昔の軍隊には〈員数〉ということばがあったが、現代の官庁や企業では〈定員〉ということが問題になっている。個人は定員をみたす一つの単位にすぎない。

ところが眼に見えない世界にまで思いを馳せると、それぞれの個人が、絶対に独自の無限の過去を背負っている。何年何月何日にどこそこで生まれ、どこそこで生活して、その独自の過去を背負っている人というものは、ただ一人しかいない。

そこで人間の個性も一人一人ちがって来るのである。

この、絶対確実に存在していたが、しかし現在の〈われ〉が忘却している過去を想起したどるならば、ただ一人しかいない〈われ〉の意義が明らかになる。その視点から見れば、はじめて〈唯我独尊〉ということが言える。もしも可視的な手段で計量され得る領域において、つまり個人が代替され得る領域において〈唯我独尊〉といったならば、それは思い上りも甚だしい、独善になるのである。しかし可視的な、計量され得る領域を超えるならば、そうしてそれぞれの個人を支えている無限の深みに思いを馳せるならば、いかなる人も〈唯我独尊〉であって差し支えない。

以上の道理は、未来を形成することについても言える。未来の世の中は多勢の人々の協力によって形成されるのであるが、甲なら甲という人だけが為し得る独自の〈未来形成のはたらき〉がある。それはまた乙という人だけが為し得る独自の〈未来形成のはたらき〉とは異なったものである。

われわれの一人一人の個人は、可視的な、計量され得る世界においては、員数をみたす一つの単位であるにすぎないが、独自のしかたで全宇宙を含んでいるという点で、全く独自のものである。この境地に立ってはじめて、一人一人が〈尊い〉ということが言えるのである。

この心がまえは、人生における実践に喜びを与えてくれる。金銭、地位、名誉というようなものは、計量され得るもので、他人と代置され得るものである。ところがその人独自の活動、はたらきというものは、代置され得ない。

このように考えてみると、〈自己〉は二重の側面を持っている。計量され得る局面と、計量され得ない独自の局面とである。

例えば、甲という人が一六五センチの背丈があり、六〇キログラムの体重があるとか、千万円の財産があるとかいうのは計量され得るものである。特殊な称号や地位にしても、他人と代置され得るものであるという点ではやはり、計量され得るものにほかならない。

しかし、自分の自己が、精神的にも物質的にも社会的にも計量されるものであるという事実を認識して、その上に自分の独自の意義を自覚するところに、人生における意義ある生活が成立する。そこにおいては小さな人間が、非常に大きな意義をもった存在となる。〈人格の完成〉とは、その独自の意義において完全に生きることである。それが〈自己の完成〉であり、偉大なものに生かされていることである。

ここにおいては、〈他力〉とか〈自力〉という既成観念は意義を失なってしまう。〈神〉という観念も色あせてしまう。擬人視されて考えられた〈神〉などは、あまりにも微小なものになってしまう。

ひとは全宇宙に生かされているのである。各個人は、全宇宙をそのうちに映し出す鏡である。この意味において各個人は〈小宇宙〉であると言えよう。ただしその〈小宇宙〉なるものは、他の〈小宇宙〉と代置され得ないところの〈小宇宙〉なのである。

このことわりを理解するならば、極端に離れて対立したものである〈小宇宙〉が本質的には〈大宇宙〉なのである。〈小宇宙〉は〈大宇宙〉と相即する。

個体としての行動は、他から隔絶されている〈個体〉が行動するのではない。〈大宇宙〉の無限の条件づけの一つの〈結び目〉が行動しているのである。

こういう視点にまで到達すると、自分が真理をさとるのだと考えることはできない。全宇宙が自分をして真理をさとらせてくれるのである。

「自己をはこびて万法を修証するを迷とす。万法すすみて自己を修証するはさとりなり。」(『正法眼蔵』現成公案)

このことわりを知ることが、いわゆる〈さとり〉であろう。

浄土教の信者のあいだでは、

「わたくしが……する」

とは言わないで、

「わたくしは……させて頂く」

という表現をよくする。さらにそれは日本人一般を通じてよく見られる表現である。ここには他力信仰がよく出ているのであるが、限られた存在としての自分のできることではないが、多くの人々の意向を受け、天地自然の恵みにあずかり、たまたま自分がこれこれのことをすることができるようになったと自覚しているのである。

浄土教では如来が自分に信心をくださるとか、キリスト教などでは神の恩寵によって救われるという。この場合に、神または如来と自分とを対照的に表現するから、両者はとかく別のものであると考えられ、対比されるというその限りにおいては同じ次元のものと考えられる傾きがある。しかし全宇宙を神または如来と呼ぶならば、それと個人とは対比関係にあるのではなくて、相即しているのである。

仏教で〈さとり〉ということを説くが、それは、無内容なものであってはならず、わけのわからぬ荒唐無稽な言説であってもならぬ。まさにこの道理を理解することでなければならぬ。〈人間の平等〉ということが、よく説かれる。しかし現実の社会においては人間は決して平等ではない。共産主義社会においてさえも、多数存在する個人は決して平等ではない。むしろ共産主義社会のほうが、階級的差別は厳しいのが現状である。しかし、目に見えぬところで全宇宙に連なっている人格であるという点で、あらゆる人間は平等なのである。

現実社会における人間は、いつになっても平等ではあり得ない。共産主義者たちの説いたことは、一つの夢であり、お伽ばなしであった。しかしすべての人間存在を成立させる究極の立場から見ると、すべての人間は平等である。同一ではないが、平等なのである。

次のように表現することも可能であろう。

若干の体重をもち、若干の収入をもち、若干の人間関係において生きている人間は決して平等ではない。しかし、それらをすべて含む存在（小宇宙）であることによって、あらゆる人々は平等なのである。それは目に見えるものから目に見えないものすべてを含む領域の立場から言えることなのである。

〈人格の尊厳〉ということは、こういう自覚にもとづいて言えることである。現実に生きている人間は、あまりにも浅はかで、とても〈尊厳〉であるなどとは言えないと思われる。しかし目に見えぬ意義に思いを馳せるとき、人格の〈尊厳〉ということが成立する。

ただわたくしは、近代西洋で強調され、またこのごろ日本ではやっている〈人格の尊厳〉ということばには、何かしら〈いやらしさ〉を感じる。いかにも虚構にみちているという感じである。絶えず〈員数〉として扱われている点には〈尊厳〉の扱いを受けているとは思われない。

しかし、「われも人の子、かれも人の子」と思って、他人に対して無限の親しみを覚え、尽きぬ共感を共にするときに、われわれは明るく生きる生き甲斐を感じる。それはともに無限・無尽蔵なるものとの一体感を通じての、心と心との抱擁である。

（1）『モナドロジー』一―三（『世界の名著』25、中央公論社、四三七ページ）
（2）『モナドロジー』九（同、四三八ページ）
（3）例えば、『俱舎論』第六巻一―一九参照。*Abhidarmakośabhāṣya*, p.82, *l.* 20. *f.*

主体としての自己

自我が実体であるか否かはしばらく措いて、道徳的主体としての自我を考えたのは、西洋においては思想家として有名なカントである。かれは、日常の経験的な自我はこれを承認したが、それは現象界に属するものとして、経験的な自我の内容をすべて排除した極限的な自我ともいうべき先験的自我を想定して、これを経験の統一の根拠とした。それは実体的なものではなかった。そうして道徳の根拠としては本体（noumenon）としての自我を要請した。

さらにカントは明らかに「本来の自己」（das eigentliche Selbst）なるものを認めている。それは可想界において叡智（Intelligenz）に外ならず、これに対して人間としてはただそれ自身の現象（Erscheinung）にすぎない、という。(1) また本来の自己を叡智としての意志（Wille）と解して、単なる現象に属するものと区別している。(2) しかしながらカントにおける「本来の自己」の概念は、ついにそれ以上の発展の跡を示していない。

右の主張とは多少異なるが、原始仏教では、倫理的主体としての自己を想定して、利他的道徳の成立する根拠を説明しようとした。

いかにして対人的社会的な実践道徳が成立し得るかという問題に関して初期の仏教では、何人といえども自己を愛しているし、また愛さなければならぬ、という道理のうちに、道徳の成立する根本原則を認めている。すなわち『自己よりもさらに愛しいものは決して存在しない(3)』し『同様に他の人々にもそれぞれ自己は愛しい。故に自己を愛する者は他人を害してはならぬ。(4)』したがって自己を愛する人は実は他人を愛する人なのである。

『自己を護る人は他の自己をも護る。それ故に自己を護れかし。（しからば）かれは常に損ぜられることなく、賢者である。(5)』

自己を護ることが同時に他人の自己を護ることでもあるような自己は、もはや互いに相対立し相争うような自己ではない。すなわち一方の犠牲において他方が利益を得るというような自己ではない。むしろ他人と協力することによってますます実現されるところの自己である。自我の観念と他我の観念とを撥無し、無しと見なした場合に、〈自己の利〉が実現されるのである。『これらの人々は自我の観念に執着し、他我の観念に縛せられている。或る人々はこれを知ることがなかった。またそれを（束縛の）矢であるとは見なかった。しかるにこれを矢であるとあらかじめ見た人には「われが為す」(ahaṃ karomi)という念も起こることなく、「他人が為す」(paro karoti)という念も起こることがない。(しかるに)これらの人々は慢心(māna)を持ち、慢心の枷あり、慢心に縛せられ、もろもろの見解(diṭṭhi)において努めても、輪廻を超えることがない。(6)』

自己と他人との対立にとらわれているときに迷いの生活があり、何とかしてその対立を超えようと努めることによって、望ましい理想の境地が実現されるのである。自己の利をはかることが、同時に他人の利と合致するのである。例えば怒らない人は『自己と他人との利を行なう。(7)』のである。このような思想が発展して後世の大乗仏教においては、例えばシャーンティデーヴァの強調したような自他融合(parātmasamatā, parātmaparivarta)の思想が現われてくるのである。

このような理想的な自己を実現するためには、もろもろの悪徳・煩悩の基体としての自己を滅却せねばならぬ、と原始仏教では説いた。(8)仏教の修行は自己のやすらぎ(寂滅 sama attano)を目的としているのである。(9)

では理想的な自己を実現するにはどうしたらよいか? それとは〈理想的でない自己〉を転換して〈理想的な自己〉とすることである。そこで自己を実現するために「自己を制する」というような逆説的表現が成立する。

『自己こそ自分(自己)の主《あるじ》である。

他人がどうして(自分の)主であろうか。

自己をよく調《ととの》えたならば、得がたき主を得る。』（『ダンマパダ』一六〇）
『実に自己は自分の主《あるじ》である。
自己は自分のよるべである。
故に自分を調《ととの》えよ。
――馬商人が良い馬を調教するように。』（同、三八〇）
『戦場において百万人に勝つよりも、ただ一つの自己に克《か》つ者こそ、実に最上の勝利者である。』（同、一〇三）

では自己を制し、自己を確立するとはどういうことであるか？

従来の仏教者の説きかたによると、瑣末な欲望にとらわれ、まどわされている自己（小我）を捨てて、そのような迷いから解放された自己（大我）を実現するということが考えられる。ただ「小我を捨てて大我に帰一せよ」といっても、現代の人々は納得しないであろう。その趣意はむしろ、われわれが日常〈自我〉と思っているものの成立する所以を分析し吟味してみると、われわれが考えていた〈自我〉なるものは実は、或る点では虚構にほかならず、実は宇宙における無限の条件づけや因果関係の相互連鎖によって〈自我〉が形成されていることを知るから、〈自我〉を見つめることがすなわち〈偉大なるもの〉を承認することになるのである。

ところがこの構造を見失って、周囲から切り離されたただ自己だけを主張すると、悪い意味の個人主義となる。

目に見える世界、耳に聞える世界というものは、外界の自然世界のほんの一部分にすぎない。目で見える瓶の中の水は、ただ澄んだ水として見えるだけである。しかしその水滴を、倍率の低いレンズで見るならば、水滴の中で、小さな動物たちが互いに愛を営んだり、互いに殺し合っているのが見える。しかしそれよりもさらに倍率の高いレンズで見ると、個々の小動物はもはや見えないで、それらの身体を構成する細胞だけが見えるようになる。さらに倍率を上げて、最高級の電子顕微鏡でみると、細胞の構成原子まで見えて来るという。

どのすがたも真実である。ただ標準のとりかたによって、視覚の対象のすがたさえも異なって来るのである。

現実がそのように重層的で、複雑なものであり、その複雑な構造に自己が制約されているということを知ったならば、人は宇宙の神秘に打たれるであろう。これこそ神秘主義である。

そうしてその中にあって、人間の理法を追求し、実現するのである。瑣末な事がらにまどわされることなく、一途に本来の自己を求めるというのが、昔の求道者の態度であった。それは時代がいかに変ろうとも、現在においてますます生かさるべき態度であろう。現代においてはむしろこのひたむきの態度が軽視され、あるいは軽蔑される傾向にある。しかしそれは、人間であることの自覚の放棄につながるのではなかろうか？

「自己にたよる」(self-reliant) ということは、西洋でも二種の意味がある。

一つは自分の力にたよって現世的な欲望を達成することである。ルネッサンスの時代には、立言をなす多くの人々――マキァヴェリを含めて――は、自分の欲するものを獲得しようとする努力を断乎としてまた賢明に実行する自己主張的 (self-assertive) な人を賞讃した。世俗的な道徳がそれを承認せず、また世人がそれを非難するようなことがあっても、なお讃嘆したのである。かれらは自らにたよること (自恃 self-reliance) と心の独立をほめたたえた。自分の欲するものを追求することによって自分の〈真価〉(worth) を問おうとしている人々は、躊躇逡巡することが無かった。この意味の〈自己にたよる〉ことは、後のジョン・スチュアート・ミルに継承発展されている。[10]

ついにこれは個人主義 (individualism) の主張となる。それは自由で自己にたよる (self-reliant) イギリス人の堅忍不抜の徳性を表示するようになった。スマイルズ (Samuel Smiles 一八一二―一九〇四年) のいうように、それは「最も良き実際的教育の本質をなしている精力的な個人主義[11]」なのである。[12] スマイルズの書は、中村正直によって『西国立志編』という題名で翻訳され、明治初期の日本人に大きな影響を与えた。

この方向を徹底すると、徹底的な個人主義、主我主義となる。シュティルナー (一八〇六―一八五六年) は、自我を万物の唯一の尺度とする。一切の外的権威を排斥して自我の権威だけを説く。

それは次第に拘束や束縛の多くなった近代社会に対する批判であり、ついには社会主義をも、個人の自由の剝奪であるとして排斥するようになった。それは、バクーニン、クロポトキンなどへの道を開くものであった。

これに対応する虚無論的な主張が、近代インドでは、「空論者」(Śūnyavādin)の主張として現われた。「空論者」とは古代インドにおいては、大乗仏教、殊にナーガールジュナ(龍樹)に始まる中観派(Mādhyamika)に対する呼称であった。ところが近代インドでは虚無論者のみずからの標傍する呼称となっているのである。

空論者の保護者として有名であったのは Hatras の王(Rājan)ダヤーラーム(Dayārām)であった。かれの城はヘースティングス侯(Marquis of Hastings)によって攻め滅ぼされたという。かれの保護の下にバクターヴァル(Bakhtāvar)という遍歴修行者が『空の精要』(*Sūnisār*)というヒンディー語の詩集をつくった。その目的は人間や神という観念はすべて虚偽であり、何ものも存在しないということを説こうとするのである。

かれはまず万有が空であるということを主張する。

『わが見るものはすべて空である。有神論も無神論も、——マーヤー(幻)も——ブラフマンも——すべては虚偽であり、誤謬である。大地も梵天の卵(=宇宙成立の母胎)も七つの大陸も九つのむれ(khaṇḍa)も天地も月日も梵天もヴィシヌ神もシヴァ神もクールマ(化身としての亀）も（世界を支える）シェーシャ竜（Śeṣa）も、師も弟子も、個体も類も、寺院も神も、儀礼や実行や祈禱のつぶやきも、すべては空虚である。ことばも聴聞も論議も空虚であり、実体そのものは存在しない。[14]』

ここでは般若経や中観派の論書を思わせる口調を用いてはいるが、それらは一般的に事象や概念がそれ自身においては存在しないこと（無自性《むじしょう》）を説いていたのに対して、ここでは伝統的な神話的観念や宗教的権威に対して特に否定が向けられている。これは中世の伝統的権威に対する反抗の態度と見なし得るであろう。

ところでこのような権威否定の精神は、その懐疑的態度を徹底的に遂行する結果として、最後には疑い得ざるものは自我のみであると考えて、自我の絶対性を主張するに至る。

『何人も自我を瞑想せよ。自我への沈思を他人に知らしむるなかれ。かれみずからを崇拝者たらしめ、崇拝の対象たらしめよ。あれこれの差別を語ることなかれ。自分自身を顧みて、他のものに見入るな。何となれば、まさしく他人が見出すもの（＝他のもの）は汝自身のうちに見出されるからである。わたくし自身のほかには何ものも存在しない。わたくしが他者について語るのは迷妄のゆえである。わたくしが鏡の中にわたくしの顔を見るのとまったく同様に、わたくしは他人のうちにわたくし自身を見るのである。しかしわたくしの見るものがわたくしの顔ではなくて、他人の顔であると思うのは誤りである。あなたの見るものはあなた自身にほかならぬ。父も母も無である。あなたが幼児にして老人、賢者にして愚者、男にして女である。あなたが水流に溺れかつ渡り、あなたが殺しかつ殺され、屠殺者であり食うものであり、王であり臣下である。あなたがあなた自身を捕えかつ放ち、みずから眠り、覚め、踊り、歌う。あなたが快楽主義者で禁欲者であり、病人でかつ強者である。要するに、あなたの見るものはあなたにほかならぬ。あたかも泡と小波や大波が水にほかならぬように。(15)』

かれは万有を夢の中の経験にたとえているが、その所論は仏教の唯識説と類似している。

バクターヴァルはすべての権威を否定した。

『わたくしは真理を語ることを恐れない。わたくしは臣下と国王との区別を知らぬ。わたくしは敬意をも尊敬をも欲しないし、善以外のものにたよろうとはしない。容易に得られるものだけを欲するのである。宮殿も藪もわたくしにとっては同じである。「わがもの」「汝のもの」という区別を捨て去った。』

この昂然たる、調子の高い断言を聞くと、ひとは直ちにコスモポリタン的なストアの哲人か、近代の自由思想家の言を想い起こすであろう。インドでも原始仏教やジャイナ教の哲人はつねにこのような心境をたもっていた。

ただバクターヴァルの自我の意識は、西洋の場合のように個人主義的ではなくて、むしろ一元論的であった。かれ自身の〈自己〉の観念は、古代ヴェーダーンタ哲学におけるアートマンの観念から由来したもののようである。

自我の自覚が出現し支配的になったということは、東西を通じて認められる現象であるが、それに対する批評もまた次第に現われた。近代西洋の個人主義的傾向は、必ずしも西洋の知識人すべてによって歓迎されたのではなかった。

個人主義はアメリカへ移入されると、旧大陸におけるそれに対する若干否定的な意味合いをもって発展した。文明の進展とは、「未開の個人主義の状態から、さらに高められ洗練された道徳的な個人主義に向って人間が進歩することである」と解された。個人主義は、ニュー・イングランドの清教主義、ジェファソンの理想、人権の哲学、ユニタリアン主義、超越論、福音主義の影響を次々と受けて独自の発展を示した。(16) その一人としてエマソンは、東洋の〈大我〉の観念にひきつけられた。エマソンは〈大霊〉(Oversoul) の説を唱えた。キーツは〈大我〉(the Self) との関係において「自己」の特徴を精密に規定する。――自我 (ego) は特殊なもので、死すべきものである。しかし〈大我〉は普遍的で永遠のものである、と。かれは東洋思想に大いに影響されたけれども、かれが実在を把捉しようとした仕方は創造的であり、能動的であった。それは、想像力に充ちた感情または直観によって物そのものへ到達しようと試みたのであると言われている。かれは個人主義に道徳的宗教的意義を賦与したが、かれの個人主義は、いまだかつて試みられなかった新たなものであった。それは完成への道であり、自分にたより、独立である個人たちがおのずから、ひとりでに形成する社会秩序であった。

エマソンは主張した。(17)

『汝自身を信頼せよ(Trust thyself.)。どの心もその鉄の弦《つる》の調べにしたがって震動する。』『わたしがせねばならぬことは、わたしの関心事のすべてである。人々がどう考えるかということではない。この法則は、実際的生活においても、また精神的な生活においても、同様に実行困難なことであるが、偉大さと卑俗さとの区別をなすことになるかもしれない。きみの義務であることを、きみよりも良く知っていると考える連中がいつもいるから、そのことはなおさら困難である。世の中の意見にしたがって生きるのは容易である。孤独のうちにあって自分自身の意見にしたがって生きるのも容易である。しかし群集のさ中にあって孤独の独立性を完全な柔軟性をもって保つ人こそ偉人である。』

こういう意味で〈自己にたよる〉(Self-Reliance)ということを説いた点で、エマソンは西洋思想史の上でも出色の人であったらしい。(18)かれには、その題名の論文がある。そうしてエマソンは、インド哲学、仏教思想の〈自己〉の観念の影響を受けていたことは、はっきりしているので、両者のあいだに通ずるものがあったらしい。

ともかく、このような東西を通じて主張されたように、〈自己にたよる〉というのは、けっきょく主体性を確保することである。

〈自己にたよる〉ということは、また、自己を信ずることであるとも言えるであろう。高い意味における〈自信〉なのである。

また仏典、殊に禅の語録のうちには「自由」という語がしばしば登場する。「自己に由る」のである。自己に由るようにする（svatantīkaraṇa）ということは、すでにサンスクリットの仏教哲学書に説かれている。この自由という語を、明治以後の思想家は西洋の freedom, Freiheit, liberty, liberté の訳語として用いた。いずれも何々から離れて、ほしいままに、好きなようにできるという意に解していたわけである。free, frei の場合は明らかにそうである。また liberty はラテン語のリーベラーレ（liberāre）からつくられ、「解放する」という原義に由来する。したがって「解放をもとめる」という意識がヨーロッパ人のあいだでは強かったが、東アジアの人々のあいだではそれが弱かったといえよう。

ところでこの自由ということは、個々の場合に応じて存分に発揮されねばならない。

『如今《いま》の学者の不得なるは、病ひ甚《なん》の處にか在る。病ひは不自信の處に在り。爾若《なんじ》し自信不及《ぎゅう》ならば、即便《すなわ》ち忙忙地《ぼうぼうじ》に一切の境に徇《したが》って轉じ、他《か》の萬境に回換《えかん》せられて、自由を得ず。爾若《なんじ》し能く念念馳求《ちぐ》の心を歇得《けっとく》せば、便ち祖佛と別ならず。(19)』

これを現代語に翻訳すると次のようになる。

『このごろの修行者たちが肝心のところを体得することができないのは、病源はどこにあるのか？　病いのもとは、自ら信じないというところにある。きみたちがもしもみずから信ずるということが徹底しないならば、あたふたとうろたえて、すべての環境にふり廻されて、(自分の)自由を得られないのである。きみたちがもしも一念一念に(外へ向って)求めまわる心を断ち切るならば、そのままで祖師である仏となるのだ。』

心的状態が錯乱することなく、冷静に受けとめて、自分で決定するとき、それが〈無依の道人〉(こだわりの無い実践者)とよばれるものになる。そこで創造的主体性が発揮される。それは「随処に主となる」境地である。

ただし「随処に主となる」ためには「随処」について、落ち着いた、曇りの無い認識が必要である。「随」という字は、無限の多様性を含意する。

冷静に対処するには、一息つくということが大切である。そこで種々の実践法も説かれるのである。古来の聖人・賢哲の教えに万巻の書のある所以である。

抽象的論議の世界から、われわれは現実の世界に還帰するのである。

人生は決して平穏なものではない。つねに難題に当面している。

人間はつねに人々に取りかこまれて生きているのであり、人々との間柄から離脱することは不可能である。そうして自分を取りまく人々の意向、意欲もさまざまであり、時には互いに矛盾している場合も少なくない。そういう場合には下手をすると、自分が傷つく。まるで真剣をもって勝負しているようなものである。

自分をとりまく〈場〉というものも、なかなか複雑であって、簡単には把捉了解することが難しいことがある。

こういう難問・難題に直面したときに、あわててはならない。怒ってはならない。また自分の運命を嘆いてもどうにもしようがない。ただ自分の置かれている境位を冷静に受けとめて、あわてず、怒らず、嘆くことなく、落ち着いて、自分の行くべき道を打開すべきであろう。

これこそ現代の「公案」とよぶべきであろう。

中世の禅人は人里はなれたところで修行し、身をもって公案にぶつかっていた。しかし現代のわれわれは全く異なった雰囲気の中で生活している。浮世のわずらいに悩まされ苦しめられ、もみくちゃにされながら、しかも臨機応変に、「随処に主となる」という自主性をもって力強く行動するとき、ここにわれわれは〈真人〉を認めることができるであろう。

(1) *Grundlegung zur Metaphysik der Sitten,* heruasgegeben von Karl Vorländer, S. 88.

(2) Ibid., S. 91.

(3) *SN.* I, p. 75 G.

(4) *SN.* I. p. 75 G.; *Udāna* V. 1.

(5) *AN.* III, p. 373 G.

(6) *Udāna* VI, 6.

(7) *SN.* I, p. 162 G.; 163 G.

(8) 自己(attan)を悪徳の根元であるかのごとくに説いている箇所がある。(*SN.* I, p. 207 G.)

(9) *AN.* I, p. 281 Gāthā.

(10) *Dictionary of the History of Ideas,* vol. III, pp. 36—37.

(11) Samuel Smiles : *Self-Help, 1859,* Chapter I.

(12) *Dictionary of the History of Ideas,* vol. II, p. 596 b.

(13) Śūnyavādin に関する資料は Horace Henry Wilson : A Sketch of the Religious Sects of the Hindus. *Collected Works.* vol. I. (London and Madras : The Christian Literature Society for India, 1904), pp. 359 f. によった。

(14) Wilson : op. cit. pp. 148—150.

(15) 前註に同じ。

(16) *Dictionary of the History of Ideas,* vol. II, p. 596 a.

(17) 以下は Emerson : Self-Reliance からの引用である。

(18) Mortimer J. Adler and Charles van Doren. *Great Treasury of Western Thought* (New York and London : R. R. Bowker Company, 1977), pp. 60 ; 1711

によると、Self-Trust を説いた人としては、西洋思想史のうちでエマソンだけが挙げられている。

（19）『臨済録』示衆（大正蔵、四七巻、四九七ページ中）

普遍者を具現する自己

自分を反省してみると、自分の自己だと思って突きとめたその自己が不断に変って遷ってゆく。人間の自己というものは、一瞬一瞬の連続であるから、一刹那・一刹那が真実であり、絶対のものであり、その中に全宇宙を含んでいる。

川の水の流れのように進んで行く。既成のものにとらわれない。あるがままの動きをすなおに受けとり、自らの偏執を離れて対決する。錯乱することなく、落ち着いて決定する。すでに起ったことを、くよくよするな。未だ起こらぬことには、冷静に対処せよ。

もし宇宙全体を内に含む者であるならば、とらわれるとか偏るということは無いはずである。それは無色透明であるというのと同じことになる。

自我の本質を追求して、経験的特殊的なものを洗い去ってしまうと、それは本質規定のみを残した、特殊な概念規定を離れた無内容なものになってしまう。

真実の自己は絶対の主体であるから、対象化することができない。それは、

（1）概念的に規定することのできないものである。

（2）数や量によって限定して叙述することのできないものである。

したがって具体的には形や色をもっているものではあり得ない。もしも言語で表現し得るものであるとすると、〈語〉は他人と共通のものであり、他人と共通の手段または資材を用いて理解しようとする限り、独自の自己がまさにその人の自己として独自である所以のものは逃げ去ってしまう。

ところで自己はまさにこのような構造をもっている。だからこそ、まさにその故に、それぞれ自分の経験するものを、機縁に応じて生かすことになる。それは、写真のレンズのように無相のものであるからこそ、来るあらゆるものを生かすことができるのである。

その境地のことを、禅では、各自の身体の中に、身体に束縛されない真の自分がいる、と言う。

臨済の有名なことばに、

『赤肉団上《しゃくにくだんじょう》に一無位《いちむい》の真人《しんにん》あり。常に汝等諸人の面門《めんもん》より出入す。未だ証拠せざる者は、看よ、看よ。』

これはわれわれの肉体のなかに真実の自己があるが、それは、位のない、ポストのない、名も無いものであり、それが汝らの感覚器官を通じて出たり入ったりしているという。これは自由に活動する主体である。

肉体を離れた霊魂のような無内容のものだと考えられるかもしれないが、真実の主体であるから、肉体をも、感官をも、社会的な地位、名誉のようなものをも生かすのである。もしも肉体や地位などと対立するものであれば、それはすでに対立による制限を受けているから、真実の自己であるとは言えないであろう。

これをブッダと呼んでもよいし、〈仏性〉と呼んでもよい。しかしその名称を用いると、〈インド的〉という印象を与え、仏教臭さを感じさせるので、臨済はことさらにそれを避けたのである。〈自己〉は、われわれの肉体の欲望、本能などと対立するものではなくて、それを制し、それを生かすものである。まさにその故に、身体にはその人の〈自己〉が具現している。ひとびとが肖像を尊重するのは、身体の一部分としてのそのすがたに、その人の自己が現われているからである。

自分が何らかの組織に制約されているのだと思うと、喜びが無い。しかし組織や人間関係に制約されながらそれらを生かして行くのだと思うと、喜びがある。これが〈随処に主となる〉の意味である。

その、つまらぬケチなものではあるが、全宇宙を含むが故に偉大であるところの自己というものは、まさに全宇宙を含むが故に、死ぬこともなく、滅びることもない。また〈不生《ふしょう》〉であるともいえよう。生まれた始源が無いからである。

この自己が普遍者を具現する。

自己にたよるということは最も普遍的なものにたよることである。

ゴータマ・ブッダの最後の説法の一つは、〈自らにたよれ。法にたよれ。〉ということであった。

『この世で自らを島とし、自らをよりどころとして、他の人をよりどころとせず、法（ダルマ）を島とし、法をよりどころとして、他のものをよりどころとせずにあれ。[1]』

（漢訳文では「自らを燈明とせよ。法を燈明とせよ」と訳していることもある。）

他人からの圧迫、誘惑などに負けてはならぬ。自分で決定せよ、というのである。

ところで自分で熟考して断乎として決定する場合には何を基準とするか？　「百万人といえども我《われ》行かむ」という覚悟を定めるときには、たとい他の人々が何と言おうと、人間としてののり、道すじに従って行動するわけである。他人がいかに反対しようと、自分としては〈これが正しい道だ〉と信じて行動する場合がある。その場合には、〈自己にたよる〉ことは、すなわち〈法にたよる〉ことである。（ここで「法」というのは、人間の理法、ダルマのことである。）また〈法〉は宙に浮いているものではなくて、必ず人間を通じて具現されるから、〈法にたよる〉ことは〈自己にたよる〉ことになる。

この構造を、西洋ではアメリカのエマソンが明言している。

『きみ自身の思想を信じること、きみが内心において真実であることを信ずることは、すべての人にとって真実である。……潜んでいるきみの確信を語れ。それは普遍的な意義（the universal sense）となるであろう。最も内面的なものは、やがて時が来れば最も外面的なものとなる。[2]』

それ以前にカントもほぼ右に対応したことを述べている。かれによると、人が自己の意志を修練する場合にのみその意志を最も純粋な有徳の気質となすことができ、そこにおいて法がその人の義務にかなった行為の源泉ともなるのであるという。意志の自由は道徳律の存在根拠（ratio essendi）である。以上は仏教の道徳思想と大して異ならないし、そこまでは東洋人も承認するであろう。ところがカントはさらに神の存在を実践理性の要請として認めている。しかしただその場合に道徳を成立させるために要請されるものは、東洋人の理解によると、必ずしも神（God）

である必要はないのであって、あるいはアートマン、あるいは神仏、天地神明であってもかまわないのである。カントの立論は、われわれ東洋人の目から見ると、理論的につながっていない。この点で、フィヒテの議論は、われわれ東洋人には解り易いようである。かれは、自由の状態へ上るのは、段階的になされる、と説いた。

（1）最初に自由は自然衝動の意識においてのみ成立する。すなわち行為の種々異なった可能性に関して反省することにおいてのみ成立する。

（2）次に自己の幸福という確立によって自然衝動から免れるという状態がある。

（3）さらに次の段階では、独立性に対して盲目的な感激をもつようになって、いわゆる英雄的犠牲的な考え方を生む。すなわち単なる傾向性（Neigung）から利己的でない高貴な行為をする状態である。

（4）真の道徳性の段階では、法則につねに注意を払い、自己自身を絶えず監視しながら、義務のために義務をするのである。

人間が道徳的となるためには、模範を必要とする。そういう模範は宗教の開祖に見られる。開祖の道徳的確信を世間に広く知らせることは必要上、教会によって行なわれる。しかし教会の教義は、永遠の真理を知らせるための手段である。教会というものは、一時の間に合わせの制度であって、やがてはそれ自身が不用となるはずである。間に合わせの教会（Notkirche）は理性教会

（Vernunftkirche）に進歩しなければならぬ。(3)〔「仏の教えは筏のようなものであるから、やがては捨てられねばならぬ」という『金剛経』の教えを参照せよ。〕

真実なるものは普遍的である。なんぴとといえども実行せねばならぬものであるということによって、真実であることが基礎づけられる。

自己を生かすものは、普遍的なものである。昔の人々の行なったところであり、また未来の人の行なうであろうところのものである。われわれは普遍的なものを実践することによって、古人とともに生きることができる。昔に思いを馳せるということも無意義ではなくなるのである。

よく「自分がたよりにならぬ」ということを言う人がある。それは、人間というものは自分を高いダルマの立場に立って反省することをとかく忘れる傾向があるので、そのように言われるのである。〈高い立場から見る〉ということを、仏にたよるということだとも言えるであろう。念仏の本義もそこにあると言えよう。あさはかな自分を忘れることである。〈神に祈る〉というのも趣旨は同じことになるであろう。そうして低次元の自分を忘れるという努力は、つねに心がけて行なわねばならぬ。どのように反省するか、ということは、人によって皆ちがう。しかし反省せねばならぬという必要は、何人にとっても同じである。

この立場に立つと、自己を求めるということは、また道を求めるということである、と言ってよい。両者は合致する。道元はいう。

『佛道をならふといふは、自己をならふなり。自己をならふといふは、自己をわするるなり。自己をわするるといふは、萬法《まんぼう》に証せらるるなり。萬法に証せらるるといふは、自己の身心、および他己の身心をして脱落せしむるなり。(4)』

人間が生きている限り、エゴイズムというものは人間にとって本質的なものである。人間のうちには小さな我《が》がある。それを否定するのではなくて、高い理想に向って生かすのである。エゴイズムの枠《わく》を、高らかにひろげるのである。全社会と、さらに全宇宙との連関を発見することである。そうすれば自己を忘れて、自己を実現するという境地があらわれるであろう。

(1) *Digha-Nikāya*, vol. II, p. 100.
(2) Emerson : Self-Reliance.
(3) 九鬼周造『西洋近世哲学史稿』下(岩波書店、一九四八年)、二〇四―二〇五ページ。
(4)『正法眼蔵』現成公案。

自己の心を知る

自己を自己として意識させるものは、自分の〈心〉である。したがって〈心〉は全宇宙を中におさめているということができる。自分一個人の心が全宇宙を、あらわに顕勢的に反映し、またひそかに潜勢的に反映しているのと同様に、他人である一人一人の心が全宇宙をそのようなしかたで反映しているのである。

その道理を理解して、あるがままに見て、偏執を用いないことを「赤子の心」とか「無心」とかいうのである。仏教では「嬰児行（呉音では「ようにぎょう」）」という。批判的思想をいだいていた李卓吾は『童心』としての『吾』の理想を説いた。(1) 李卓吾が説いた『童心』としての『吾』の観念としてここに出現した自我の自覚が西洋のそれとどうちがうかということは、今後の研究課題であろう。これらの説が決して同一ということは無く、少しずつ、意味合い、ニュアンスを異にするであろうが、私心、我を離れて、あらゆることがらを、あるがままに見よ、ということを強調している点では一致している。

このように考えて来ると、「自己を知る」ということは〈自心を知る〉と表現されることにもなる。

弘法大師の師、恵果《けいか》が教えた、『もし自心を知るは、すなわち仏心を知るなり。仏心を知るは、すなわち衆生の心を知るなり。三心平等なりと知るは、すなわち大覚と名づく。(2)』

この境地にまで達すると、自己の心は宮殿のようなすばらしいものである。

『男女もしよく〔阿字の〕一字を持《たも》てば、朝朝《あさなあさな》一《もっ》ぱら自心の宮を観ぜよ。自心はただそれ三身の土なり。(3)』

自分の心が、実は仏の法身・報身・応身の住むところであり、自己の心の中に仏が住している、というのである。

禅僧・抜隊《ばっすい》（一三二七―一三八七年）の所説の眼目は『自心』を明らめることであった。

『成仏の道とは、自心を悟る是なり。自身と云は、父母もいまだ生まれず我身もいまだなかりしさきよりして、今に至るまでうつりかはる事なくして、一切衆生の本性なるゆへに是を本来の面目と云へり。(4)』

抜隊は中世に属する人であるが、ここには自我の自覚が認められる。しかしそれは実は古来の禅の伝統に沿ったものであり、強権や社会的制約に対する反抗の意識は乏しいように思われる。

さて、心が無心となり、鏡のように相手を映し出し、相手の身になって考えるところに、他人と共同する倫理が成立する。

この立場に立って自覚すると、「今この三界は悉く是れわが有なり、その中の衆生はみな吾が子なり(5)」ということが言えるようになる。

〈自己の心を知る〉というのは顕著に東洋的な表現であるが、西洋でも決して無縁ではない。西洋でも十四世紀前後のドイツやオランダの神秘家は、これに類したことを説いていた。

また近世になっても、例えば、オスカー・ワイルドはいう。

『自分自身が傷つけられるのでなければ、何ものも人を傷つけることができない。何ものといえども人から何かを強奪し得るということはそもそも有り得ない。人が実際に所有するものは、かれ自身のうちに内在するものである。かれの外に存するものは何ら重要性のないものであるはずである。(6)』

こういう異端の思想家たちがいたということは、強権を以てしても禁遏し得ない何ものかが人間のうちに潜んでいることを示す。

良心の問題も、この視点から、〈自己〉の問題として把捉することができるであろう。

良心の問題はギリシア哲学では、はっきり出ていないようである。

ソクラテスは牢獄から逃げるように勧められたときに、それを断って毒杯を仰いだが、かれの行動の理由づけは、そこでアテネに反するような行動をとるのは、今まで自分が多年アテネに住んで来たことに対する「契約違反」になるからということであった。ソクラテスはこの場合「良心」ということばは使っていない。

良心の問題は中世のスコラ哲学においてはじめて登場し、そこでは、善への肯定的態度と悪への否定的態度を直接に示す人間の生得的能力の総括概念をいうものであった。

原始仏教では特別に「良心」という語を用いることは無いが、或る場合には、アートマンすなわち自己が自己の監視者として、西洋倫理学でいう「良心」に近いものと考えられていた。

『悪い行ないをする人にとっては、世間に秘密の場所というものは存在しない。人よ。真実であるか虚偽であるかを、汝のアートマンが知っているのだ。

証人よ（sakkhi）。実に尊いアートマンを汝は軽視している。——自己のうちに悪があるのに、自分らのために隠そうとする汝は——。(7)』

これはバラモン教のほうで『マヌ法典』において、

『自己（アートマン）こそ実に自己の証人（sākṣin）であり、また自己は自己の帰趣（gati）である。諸々の人間にとって最高の証人である自分の自己を軽視することなかれ。(8)』

という思想に対応するものである。自分自身が証人となるのである。

原始仏教のみならずインド思想一般では「良心」(conscience, Gewissen) という術語をつくらなかった。良心の問題はどこまでもアートマンの問題として論ぜられているのである。

また悪い行ないは人々に非難されるべきであり、たとえ人々に知られなくても、まず「自分が知っている」という思想も述べられている。

『「不殺生によって殺生が捨てらるべきである」といったのは、何を意味するのであるか？……諸々の束縛のためにわれは殺生者であったのであるが、それらの束縛を捨て断ずるために努めている。もしもわれが実に殺生者であったならば、その殺生に関して自己もまたわれを誹るであろう。智者もそれを知って、殺生に関して、われを非難するであろう。』

道徳的な他の七つの定めについても一々同様のことが説かれている。[9] このようにヒンドゥー教および原始仏教においては、自己が知るのであって、西洋におけるような「神と共に知る」(Gewissen, conscientia) という思想と截然と対立する。

では良心の問題に関して「東は東、西は西」なのであろうか？ 決してそうではない。

原始仏教においては、上記の説と並んで、

また善悪の行為を神々が見ているという思想があり、[10] また世人のなす悪は、神々 (deva) と人格を完成した人々 (tathāgata, pl.) が見ているから隠すことはできぬともいう。[11] 〔インド的仏教的思惟においては、矛盾した思想を併説しても一向に意に介しない。〕修行によって人格を

完成した人は特別の神通力・透視力があると考えられていたらしい。〔仏は人格を完成した人の一人である。〕

『人は、〔盗みをしないのに、〕他人の〔「お前は盗んだ」という〕ことばで、盗人となるのではない。人は、他人のことばで、聖人となるのでもない。人は、おのれ自身を知っているように、神々もまた同様に、かれ自身のことを知っている。(12)』

この思想は叙事詩『マハーバーラタ』のうちにも存する。

『実にひとは罪を犯したならば、「われは人間ではない」と考えるであろう。神々はその人を見ているし、また各自の内部にある内我（antarpuruṣa）もこれを見ている。(13)』

まさに良心の声に相当する。

シナの思想家は、この道理を、一般的な命題としてではなくて、事例によって説こうとした。東漢代の役人である楊震に、或る人が賄賂をおくろうとし、「誰も知らないから」と言ったのに対して、かれは『天知る、神知る、我知る、子（＝あなた）知る。何ぞ知ることなしと謂う』と答えたという。

原始仏教では、われわれの行為の監視者として、神々と人格完成者（仏など）とわれわれの自己とを挙げているが、そのうちどれかを究極的なものと考えて、他を派生的なものと考えることをしなかった。しからば原始仏教の道徳説の本義はどこにあるのか、道徳成立の根拠をいずれに求めたか、という問いに対しては、明確な答えを与えていないことになる。しかしそれは原始仏教のさほど追求すべき問題ではなかったのであろう。ゴータマ・ブッダは倫理の実践者であったが、倫理学者ではなかった。かれはどこまでも善の実現をめざしていたのであって、道徳理論の体系化は、かれの関心事の外にあったのであろう。そうしてこの問題の解決は後代の仏教哲学者たちにゆだねられることになった。(ただし、後代の仏教学者がこの問題を徹底的に論議したとは言い難い。現代の仏教学者、というよりは、仏教文献学者、にとっては、関心の外にあるようである。)

それにもかかわらず、われわれはここに〈良心〉の観念の内含する問題が明示されていることに気がつく。「良心」という語は孟子(告子章上)が用いたものであり、「仁義之心」と同じであるが、それは必ずしも正邪善悪を判断する能力を意味するのではなくて、こころが凝ること、集中することを意味し、中心的・本質的なものへ意識の集中することであり、のちの陽明学では特に習わずして能く知る能力の意味に解せられたというが、アートマンが知るという仏教の表現はこれに対応するものであろう。これに対して西洋では conscientia, conscience, Gewissen という語を使うが、「ともに知る」「共同に知る」という意味であり、原始仏教において神々や人格完成者が見ているというのはこれに対応する。〈良心〉の観念の内含する諸問題がここに露呈しているのである。

そこで結論として言えることは、〈良心〉の問題に関して、

（1）自己が知る

（2）神（または神々）が知る

という二つのパタンがあり、それは東にも西にも認められ、ただ東西で色調を異にするだけにすぎない、ということである。（時間的余裕もなくて、西洋における〈自己が知る〉の思想を充分にたどることができなかった。しかし、ギリシア哲学における psykhē、十四世紀ドイツ神秘家たちの思想、例えば bonitas sui を検討したならば、きっとそれに対応するものがあると思う。専門家の教示を仰ぎたい。）

〈自己の心を知る〉ということを強調した人々は、世界思想史の分類の上からいうと、〈神秘家〉とよばれる人々のほうに多いようであるが、ただ東西を通じて神秘家たちは、〈人性は善なり〉（性善＝bonitas sui）と安易に考えて、人間のうちに潜む〈悪〉の問題に対決しないで、それから目をそむけて見逃してしまう傾向がある。現実的に考えるためには、われわれは〈悪〉の問題と対決せねばならぬであろう。

人間は何故悪を犯すか？　その奥底には、人間が生きてゆかねばならぬ、生命をたもちたい、という深刻な問題があるからである。「生きて行く」ということが第一義的に考えられ、一つの行為が善か悪かということは、しばしば第二義的に考えられるからである。そこでわれわれは、

次に〈生命〉の問題の考察に入って行こう。

（1）島田虔次『中国に於ける近代思惟の挫折』（筑摩書房、一九四九年三月）、二三五ページ。
（2）『続性霊集補闕鈔』第九巻、九八、諸々の有縁の衆を勧めて秘密の法蔵を写し奉るべき文。
（3）『性霊集』一巻、四、喜雨の歌。
（4）『塩山仮名法語』（前掲書）、一ページ。なお九ページ参照。
（5）『法華経』方便品。
（6）Oscar Wilde : *The Soul of Man under Socialism*, p. 20.
（7）*Aṅguttara-Nikāya*（以下略号、AN）. I, p. 149 G.
（8）*Manu* VIII, 84.
（9）MN. I, p. 361.
（10）*Theragāthā*, 497.
（11）AN. I, p. 150 G.
（12）*Therigāthā*, 497. 初期仏教の聖者 Mahākaccāyana の句である。
（13）*MBh*. III, 207, 54. なお『マヌ法典』二・一二、八・八四以下、九一にも「良心」の観念が見られる。
（14）『小学』外篇、善行に出ているというが、一般には『天知る。地知る。子知る。我れ知る』（『十八史略』東漢、安帝の条）のほうが有名である。

二、生命

生命の概念

従来多くの哲学者は、真に実在するものは何であるか、ということを明確に把捉し、それと自分とのかかわりを理解して自己を位置づけようと試みた。

しかし真に実在するものは、哲学者の思弁からは出て来なかった。また客観的自然界に関する限り、自然科学者の考えに委ねられねばならず、一般世人は自然科学者の言うところを承認せざるを得ないが、しかし原子物理学にいかに精通しても、われわれが如何に生きるべきであるか、ということは解明されない。

われわれは何を手がかりにしたらよいのであろうか？　われわれにとって直接自明な事実は、次のことである。——

われわれは生きている。生きているということを、なんぴとも疑わない。生きているからには、

〈いのち〉の問題はわれわれにとって最も重要な問題である。

しかし、何かの折に、〈生きている〉というのはどういうことであるか？〈生命〉とは何か？という反省の起こることがある。

例えば、他人の死に直面したときに、そのような疑問が起こる。あるいは病気になって、ひょっとしたら自分は死ぬのではないか、と不安になったとき、〈生命〉についての反省が起こる。『動物は死においてはじめて死を知る。人間は一刻一刻意識しながら死に近づいていく。このため、生命そのものにこのような不断の破滅の性格があることをはやくも見抜いていない人でさえ、ときとして生きることが気懸りとなる。人間が哲学と宗教をもっているのは主としてこのためにほかならない。(1)』

しかし人を宗教や哲学の領域に目を覚まさせるのは、それだけにとどまらない。形而上学あるいは宗教的な領域にまで思いを馳せるならば、人は他の生物の生命を費消することによって生きている。〈生きる〉というのは、文字どおり〈食う〉ことである。この苛烈な現実をどう考えたらよいのであろうか？

こういう反省は、南アジア・東アジアのほうに強く起こり、西アジアやヨーロッパではさほど起こらなかったかもしれない。

しかしともかくこのような事実を考えると、〈生命〉ということに関する反省を、われわれは否応なしに迫られるのである。

哲学や論理学において最も抽象的な概念は〈有る〉(to be) ということであるが、発生史的に見ると、「有る」とは「生きている」ということであった。インドのサンスクリット語について言[2]えるばかりでなく、ギリシア語の esti, ラテン語の est も「有る」と同時に「生きる」(to live)を意味していたのである。これらの語を「存在する」と訳すことについては、いままでに論議があったが、ともかく漢字の「存」も「在」も、他人がどこかに生きていることを意味していた。だからまず人間にとっては〈生きていること〉の発見が先にあって、のちに〈有〉の形而上学が発展したのである。

だから〈生きる〉ということは、われわれにとって本源的なことなのである。

和語では昔から「いのち」といい、漢語では「生命」、「寿命」という。

それは人間の〈自己〉とは異なったものである。人間は誰でも「自分は生きていたい」と思う。少なくとも自分が生きていることが他の人にとって害を与えうるもので無い限りは、生きていたいと思う。定命《じょうみょう》を全うしたいと思う。ところが自分の意に反して死ぬ、ということが起こる。そう思うと、〈生命〉は〈自己〉とは異なったものである。

まず、生命というものを東洋においてどう考えていたか。

〈生きる〉という事を考えたときに、シナ人が第一に連想したのは、草に見られる生命現象であった。「生」という文字の意義については古典的シナにおいては二つの説が行なわれていた。一つは、この文字は象形文字であり、草木が生じ、次第に成長して土の上に出る形に象ったのであり、下の一は土に象り、上の屮は草の成長に象ったのだという。他の一説によると、会意文字であり、つまり、屮と土との合字であり、屮（草木の初生）が成長して土の上に出る意であるという(3)。いずれにしても、草木の生まれ出ることを考えていたのであり、「生きる」ことの原初的形態は植物的生命現象であると解していたのである。

シナ人は草木のもっている生命力に驚異の眼を以て接していた。植物界のうちでも特に下等なものである雑草の生命力に注視して、「草」という字を用いた。植物の生命力が早いテンポで成長するのを表現している。凍てつける大地から萌え出ずる新しい草の芽を見ていると、生命力の圧力を感ずる。中華人民共和国の奥地には、土砂と岩石の曠野が涯しなく続いていて、水流も無い。その荒地に、小さな石塊にへばり着くように雑草が萌え出ているのは、大きな驚畏である。その驚畏の眼を以て、かれらは草を見つめたのである。

しかしまたシナ人は、動物の、否、人間の生をも具象的に理解し、表現していた。「活」という字はサンズイに舌と書く。舌に水がなくなったときには、人間は生きて行けない。シナ大陸の乾燥した風土を旅して、喉が乾いてしようがないという生活体験をした人には、ピンとくる表現である。湿潤の地・日本に生きている人々には、なかなか理解できないことである。

しかし日本人も、生活、活力、活動などいう語を用いるようになった。

ところで、生命の概念規定の問題であるが、普通、われわれが「生命」というときには、英語のライフ（life）とか、ラテン語のヴィタ（vita）という言葉で表示される現象を考えて、それをおそらく日本語で生命と訳しているのだと思う。東洋思想の根源にさかのぼって考えてみると、インドでは非常に古い時代に生命の問題が自覚されていて、prāṇa, asu, などという言葉で表示されていた。prāṇa というのは息のことである。人間が呼吸し、生きている間は生命の活動ないし生命現象が認められる。ところが死んでしまえば息がなくなるから、そこで原始人においては、息と生命とが同じように考えられていた。その観念は、インドにおける最古の古典である『リグ・ヴェーダ』のなかにみられる。『リグ・ヴェーダ』は西紀前約一〇〇〇年、今から約三千年前につくられた神々を讃歌した詩集である。その『リグ・ヴェーダ』のなかで、プラーナが息を意味するとともに生命を示すものと考えられている。

このように、「いのち」は「いき」であるという生命観は、インドではすでにヴェーダにおいて現われているのであるが、さらに人間の生命力・生き生きとした力を意味するときには、asu という。(4)

わが国でも「いのち」という語は「いき」と結びつけて通俗語源的に説明されてきた。その解釈が学問的に正しいかどうかは、専門家の決定をまたねばならぬが、そのように信ぜられていたということは確かな事実である。〈いき〉〈呼吸〉を生命とみなす見解は他の諸民族とも共通であった。ギリシア語では、もともと〈いき〉を意味するpsykhēという語が、のちには霊魂を意味することになり、それが個体の生命を司る原理と見なされた。ラテン語でも、もともと、動く空気、そよ風、呼吸を意味したanimaという語が、また精神、生命を意味するようになった。

このようにわれわれが呼吸する空気は、われわれを生かしめている生命そのものでなければならぬということは、古代諸民族を通じて当時の一般的観念であった。〈気息——魂〉というのは世界的にひろまっていた概念なのであった。(5)

近代科学の成立とともに当然精密な見解がもとめられるようになったのであるが、生命と呼ばれる現象のすべてを満足に説明することのできる定義は、まだ現代の科学者によっても見出されていない。生命と非生命との境界は互いに入り交り、ぼやけていて見分けることができない。そこで生命に関しては一定の定義が存在しない。

生物学の諸分野で研究は驚くほど進歩したにもかかわらず、〈生命とは何か〉ということに関しては専門諸学者のあいだで必ずしも意見は一致していない。普通は生命とは、食物の摂取、排泄、呼吸、運動、成長、生殖などの機能を営み、かつ外から加えた刺激に対して反応する体系であると考えられて来た。しかし現在多くの生物学者に採用されている見解は、生命ある体系とは「外界との間に明確な境界をもち、その構成物質の一部は絶えず外界との間で交換されているにもかかわらず、少なくともある期間についてみるならば、その全体としての性質は変化せずに保たれているものである(6)」というのである。

生命現象は、生命のない物理現象を基礎としてその上に成立している。生命現象はつねに物理現象の法則にしたがうが、物理現象には必ずしも生命現象の法則は適用され得ない。

生命現象は物質の上部構造とでもいうべきものであるから、下部の構造を支配する法則は上部の構造をも支配するが、逆に上部の構造を支配する法則は必ずしも下部の構造を支配しない。例えば新陳代謝、生と死、生殖、遺伝に関する法則は生物を支配するが、物理現象を支配するものではない。

他方、生命現象は、心理現象・精神現象に対してはその下部構造を形成している。

自然界における生命現象を、どこまでも対象的なものとして詳しく研究することは、自然科学者の仕事である。しかし生命という問題に関していかなる態度をとって生きるべきであるか、ということは、自然科学それ自体からは出て来ない。われわれはこの問題を以下において追求したいと思う。

歴史以前の時代における原始人たちが、生命について何を願望していたかは解らない。しかし歴史時代に入って記録が残っている時代になると、人々は、いつまでも生きながらえて長寿であることを願っていた。

第一の段階の思想は、現世における生命がいつまでも続くことを願望する。

バビロニアの古い神話であるギルガメシュ物語によると、半神半人のギルガメシュが神のように限りなく長く生きることを願い、不老不死の薬を求めて諸国を遍歴したというのである。

イスラエルにおいてそれを示すものは、いわゆる「禁断の木の実」の物語である。旧約聖書のうち創世記の初めの部分に述べられている「いのちの木」の物語である。その木の実を食べると神のように限りなく生きることができると信ぜられていた。そこでその木の実が盗まれないように、神は炎の剣を置いて番をさせていたが、人間がそれを食べたために罰を受けたというのである。

イスラエルの預言者たちに共通している思想は次のごとくである。――神が命ずる正義を行なわないときには、ユダヤ人は、個人としても死に、また国家としても滅亡する。このような神の罰を免れるために、正義を行なった場合には、個人のいのちが栄え、また国家のいのちが栄えるというのである。

インドにおいても、こういう願望はヴェーダ時代に現われ、祭祀によって長寿を祈ることが望まれていた。「百歳を生きよ」(Jīva śaradāṃ śatam) というのは、ヴェーダ時代から今日に至るまでとなえられる句である。

シナ人のあいだでも現世における「不老長寿」を達成する道術は、特に道教によって強調され、今日までつづいている。道教の祖であるとされている老子の説いたところは、無為自然の道を体得して生きることであったが、後代の道家は、特殊な「道術」または「仙術」と呼ばれるものを説き、この身において不老長生を実現することをめざしたのである。

以上のことは古代人の願望だからといって、軽く見たり、さげすんだりしてはならない。現代人といえども、心の底では同じことを希求しているのであり、日常の挨拶に出て来ることばも大体このようなことである。

しかし人間はいつかは死ななければならぬ。それは避け難い運命である。そこで人々は来世における永生を願うようになった。

この第二の段階の思想は次のごとくである。——この世で死ぬことがわれわれの生命の終りではなくて、死後にあの世においてさらに生命がつづくということである。それは来世的な生命の拡充への願いである。

インド最古の文献である『リグ・ヴェーダ』はバラモン教の最古の聖典であるが、そこではつぎのように考えていた。——われわれの肉体というものは死とともに滅びる。しかし霊魂は不滅である。霊魂を意味する言葉としては心とか、あるいは呼吸を意味する言葉が用いられていた。すなわちアス、プラーナ、アートマンというような言葉である。そして死者の霊はこの世を去ると遠い彼方にある、祖先の霊魂の住まっているところに赴く。そこは永遠の楽土で、楽しいところである。その場所は最高の境地であり、緑の木蔭、美食の饗宴、歌舞音曲に恵まれた理想の境地である。そこで自分の祖先とふたたび会うことができる。その楽土には死者の王ヤマ (yama) が支配していた。この世界の楽土に到達するためには、人々は行ないに気をつけなければいけない。とくに祭を行ない、婆羅門（祭を司る人）に対しては布施をして、身を慎み、苦行をする。それによって最高の天に到達しうる。また戦場で倒れた勇士もやはりそこに到達しうると考えた。

他方、悪人の運命については詳しい説明がないけれども、死後の審判、地獄の観念はその時代には現われていない。ただこの世は楽しいところであり、また死んで行くところも楽しいところである。どこまでも生を楽しむという気持が強かった。ことにのちのインドになると、厭世観、世を厭う気持が強くなるが、最古の時代にはこれはなかったのである。

後代には死者の王ヤマが仏教にとり入れられ、やがて審判者とみられるにいたった。これが漢訳仏典を通じて日本にきて閻魔様になる。閻魔はヤマの音を写したものである。閻魔様に舌を抜かれるというが、閻魔のこわい姿は、ヤマの像がシナに入って、道教の観念と結びついて恐ろしい形になって、死者の審判者として、日本へ入ってきたというわけである。

このように現世、および生命に対する執着が強かった。そして死ぬということを非常に恐れていた。バラモン教の祭儀文献においては、ふたたび死ぬということを非常に恐れた。人はこの世で死に、来世にいって生まれ、そこでもう一度死ぬということ（再死）を非常に恐れて、ふたたび死なないようにといって、種々の儀式や祭を行なうということが規定されている。

イスラエルにおいても、死んだ人はどこかで生活していると考えられていた。(7) すなわち死とともにわれわれの生命が終るのではなくて、死後にもさらに生命がつづくと考えていたのである。

さらに終末観的な世界観というものが東西において現われた。

イスラエルの預言者たちの思想はいろいろであるが、イスラエルの人々が神のもとめる正義を実行しない場合には、神は不信、悪徳なる者どもを徹底的に滅し去ると考えた。

特に預言者イェサヤ（前七四〇—七〇一年ころ活動）によると、未来に神の裁き——最後の審判——がなされるとき、悪人どもは徹底的に滅ぼされるが、しいたげられた者・搾取されたもの、弱きものは、滅ぼされることなく、残されると考えた。ここでは神の裁きによって残されたものによって〈新しい世界〉が完成されるということが暗々裡に認められる。さらに後の思想によると、この世界は滅び、そののち新しい世界が出現すると考えて、〈世界の終末〉と〈新しい世界〉とを認めている。

このような思想は、旧約書のダニエル書、新約書のヨハネ黙示録、および旧約経典外聖書のバルク黙示録に出ているという。(8)

この新しい世界においては、死者はよみがえり、生きているものどもとともに神の裁きを受ける。そうして正しい者だけが新しい世界に入る。そこでは正しい者は星のごとくになって永遠に至る。すなわち人のいのちが永遠につづくのである。

南アジア・東アジアでは終末観的な生命観はそれほど顕著でないが、しかし無いわけではない。ヒンドゥー教における末世の救済者カルキの観念がそれである。カルキ（Kalki）は普通ヴィシヌ神の化身が一〇あるうちの第一〇の化身（権化）であるが、これは未来の世の中に現われる。すなわち聖典が権威を喪失し、人間の寿命が僅かに二十三歳となった澆季末世にカルキという人物として出現し、正しい信仰を救うという。かれの姿は抜刀して白馬に乗っている。

仏教ではマイトレーヤ（Maitreya 弥勒菩薩）がややそれに似た性格をもっている。この菩薩は現在はトゥシタ（兜率）天にましますが、釈尊の滅後五十六億七千万年ののちにこの世に現われて人々を救うという。[9] 弥勒信仰はひろくアジア諸国に拡まったが、わが国でも、王朝時代、鎌倉時代には盛んであった。

世界の諸民族の人々の心にあまねく訴えたところの普遍宗教においては、〈無限のいのち〉ということが説かれるようになった。

〈無限のいのち〉に対する憧れは、仏教では「無量寿如来」（阿弥陀如来）に対する信仰となって現われた。

仏教は生命を尊重するが、それは〈限り無き命〉へのあこがれとなった。

特に「寿命無量」ということを表面に出してその名としたのが、阿弥陀仏（無量寿仏 Amitāyus）である。それに対する信仰は特に浄土経典において強調されている。

阿弥陀仏はかつて一人の修行者であったときに、遠い過去世に誓願を立てて、自分がさとりを開いて極楽浄土を完成したときには、そこに生まれる衆生は〈無限のいのち〉（無量寿＝永遠の生命）を享受するように、また自分も〈無限のいのち〉を得るように、と願った。そうして、「もしもその目的が達成されなかったら、自分は仏とはならない」と明言している。

『世尊よ、もしも、わたくしがこの上ない正しい覚りを現に覚った後に、このわたくしの仏国土において、願いの力によるものは別として（とにかく）、生ける者どもの寿命の量が、量り得られるようなものであったなら、その間はわたくしは、この上ない正しい覚りを現に覚ることがありませんように。(10)』

『世尊よ、もしも、わたくしが覚りを得た後に、わたくしの寿命の量が、たとえ百千億・百万劫（というような無限に近い量まで）数えたとしても、（とにかく）限界のあるものであるようであったら、その間はわたくしは、この上ない正しい覚りを現に覚ることがありませんように。(11)』

ところで今やこの願いが達成されたのであるから、この仏は寿命無量であり、そこに救い取られた人も寿命無量であるというのである。

そこでは、もろもろの命の根源としての永遠な無量の命のことを「ブッダ」と見なし、この命を自分の命として生きるものは、また「ブッダ」であると考えた。救う者の境地と救われる者の境地とに隔てがない。ともに無限の生命をもっているのである。

仏教の実践において、究極のものは人間の命である。それを宗教面において、無量寿、限りなきいのち、という観念が大乗仏教に現われ、「限りなきいのち」（Amitāyus）というこの観念が仏の姿とされ、シナ・日本に入って漢字では「阿弥陀仏」と呼ばれるようになった。「阿弥陀仏」とは〈限りなきいのちの仏〉という意味である。

この絶対の限りなきいのちはどこにあるか。初期の浄土教徒はもっぱら仏に救われて、限りなき世界に生きるということに喜びを感じていたけれども、もっと哲学的に追求すると、浄土真宗によると、われわれが信仰をもっているならば絶対に救われて、絶対の境地に達する。信仰をもったときには救われる。救われたものはこの世に還って、同じような人間として働き、喜びをともにする。このようにして、往く姿（往相）と還る姿（還相）とを説くのである。日本の浄土教、とくに浄土真宗では往相、還相といっているが、これが現実の世界において具現されるというのである。

これに対して西アジアからヨーロッパ、北アフリカにおいては〈無限のいのち〉にむかう憧れは、イエス・キリストに対する信仰のうちに現われた。イエス・キリストを信ずることによって永遠の生命を得ることができるという思想が、新約聖書のヨハネ伝福音書のうちに認められる。[12]

『それは彼を信じる者が、すべて永遠の命を得るためである。[13]』

イエスはみずからを〈命のパン〉と呼んでいる。

『わたしが命のパンである。わたしに来る者は決して飢えることがなく、わたしを信じる者は決してかわくことがない。……わたしの父のみこころは、子を見て信じる者が、ことごとく永遠の命を得ることなのである。そして、わたしはその人々を終りの日によみがえらせるであろう。[14]』

またイエスはみずからを〈命の光〉と呼んでいることがある。

『わたしは世の光である。わたしに従って来る者は、やみのうちを歩くことがなく、命の光をもつであろう。[15]』

これは浄土教において〈無量寿仏〉をまた〈無量光仏[16]〉と呼んでいることに対応している。永遠の生命があっても、闇の中で生きるのは、恐ろしく、厭わしい。無限の光に包まれたものでありたい。この場合、光で照らす主体は無量寿仏であり、救われた衆生（――極楽浄土にいる――）については、無量の光は説かれていない。

では、キリスト教の場合、イエスを信じた結果、ひとはどうなるのであろうか？　これについて専門学者は次のように説明している、――

『イエス・キリストを信ずることは、限りあるいのち――死を前提としている限りあるいのちが、無限のいのち――永遠の生命――死を前提としない生命と一体となることである。イエス・キリストを信ずることにおいて、人間の有限の生命が、すなわち死を前提としている生命が、神の無限の生命と合一するのである。人間の有限の生命はもはや有限の生命ではなく、無限の生命そのものになるのである。[17]』

〈無量寿〉〈無量光〉を説いたという点で、初期のキリスト教は浄土教によく似ている。両者が興起したのも年代的にほぼ同時代であるということは注目すべきである。しかし両者のあいだに直接の交渉があったかどうかは不明である。

（1）『意志と表象としての世界』第一巻第八節（『世界の名著』続10、中央公論社、一六二ページ）

（2）Hermann Grassmann : *Wörterbuch zum Rig-Veda* (Wiesbaden : Otto Harrassowitz, 1976, Col. 146) によると、asti（有る）の元来の意義は "sich regen, leben" ということであり、そこから "das Sein" という意味が発展して現われたのである。

（3）諸橋轍次『大漢和辞典』第七巻、一〇二九ページ上。

（4）asu という男性名詞は、次のように説明されている。"Das Leben, besonders in seiner Regsamkeit und Frische, oder als Seelenleben, Geistesleben aufgefasst." そこで

次の三つの意義が認められる。 1) *Leben* ; 2) *Lebensfrische, Lebenskraft* ; 3) das *Geistesleben*, in das die Gestorbenen übergehen. (Hermann Grassmann. op. cit, 155)

(5) いきが魂であるという観念が諸民族に共通であるということについては、W. K. C. Guthrie : *A History of Greek Philosophy*, vol. I, 1962 (Cambridge University Press), p. 128.

(6) 『ブリタニカ国際大百科辞典』一一巻、二六〇ページ。

(7) 箴言九章一八節。

(8) 大畠清氏の論文（『東京大学公開講座　生命』、東京大学出版会、一九六五年三月）、二四五ページ。

(9) 弥勒のことは種々の経典に説かれているが、特に『弥勒下生経』、『弥勒大成仏経』、『弥勒上生経』といういわゆる弥勒三部経が有名である。

(10) 「眷属長寿の願」という。阿弥陀仏の四十八願のうちの第一五である。『大無量寿経』上巻（岩波文庫、上）一三五、二七七ページ。サンスクリット本では第一四。

(11) 「寿命無量の願」。『大無量寿経』上では第一三の願である。サンスクリット本では第一五。

(12) ヨハネ伝福音書、第三章一五および三六、第六章四七。

(13) 同、三・一五。

(14) 同、六・三五および四〇。なお六・四八―五一参照。

(15) 同、八・一二。

(16) 『無量寿経』サンスクリット文、第一三願。

(17) 『東京大学公開講座　生命』（東京大学出版会、一九六五年三月）二四七ページ。

〈息〉の反省から生命へ

人間の思索が次第に発達すると、生命というものを息、呼吸から分離して考えるようになった。その過程を考えてみよう。

古代インドについて見るに、古い時代には呼吸のことをプラーナ（prāṇa）と呼んでいた。プラは「前に」、アーナは「吸う」という意味である。それで呼吸を意味する。けれども、息と生命との関係は密接であるから、古代の文献においては、プラーナが呼吸を意味するとともにまた生命を意味していた。まだ曖昧であったわけである。

またのちに哲学的に重要になるのであるが、アートマン（ātman）という言葉が頻繁に使われた。これももとは呼吸を意味する言葉であった。英語で空気のことをアトモスフェア（atmosphere）というが、これはギリシア語のアトモス（「煙、蒸気」の意味）からきているけれども、そのアトモスとも語源的に連関がある。ドイツ語で呼吸することをアートメン（atmen）といい、またドイツ語の詩の言葉で息のことをオーデム（Odem）というけれども、これらはみな語源的に関係がある。つまりインド・ヨーロッパ人はもとは同じ民族であったから、片方は分かれて西洋人になり、他方はインド人になり、あるいはイラン人になっても、言葉に関しては多分に共通性がある。

「いのち」の語源を「息」と結びつける解釈が、わが国では昔から行なわれている。それは「イノウチ（息内）」、「イノチ（気内）」であるとか、あるいは「イキノウチ（息内）」の約であるとかいう。あるいは「イノチ（息路）」あるいは「息続」であるという解釈が行なわれた(1)。わが国では生命のことを昔から「命《いのち》」と呼んでいることは周知の事実であり、これは息と関係があるということを学者は説いているが、これについての語源的な説明は専門の方に教えていただきたい。ただし発生的にはどうあろうとも、若干の日本人が「いき」と「いのち」との間に本質的な連関があると考えていたことは否定できない。

「呼吸」「いき」である生命が人間の最も内奥にあり、人間にとっても最も本質的なものであるという見解は、古代インドにおいてもすでにヴェーダ聖典の祭儀書のうちに表明されていた。

『人が眠るときには、ことばはプラーナ（呼吸、生命）のうちに帰入し、眼もプラーナのうちに、意もプラーナのうちに、聴覚機能もプラーナのうちに帰入する。また人が目覚めるときには再びプラーナから現われ出る。(2)』

〈いき〉が生命であるという見解は、ギリシアの哲学者たちのあいだにも残存していた。その一つの適例は、デモクリトスである。

『魂は生物に運動をもたらすものだ。……そのためにまた生の特徴は呼吸だ、とする。というのは、われわれを囲繞している外気が肉体を圧縮して、そこから、形態のうちで、自分自身も決して静止していないことによって生物に運動をもたらすところの形態を押し出そうとするが、呼吸すると、それによって他のこのような形態が外から入ってくるので、援軍がもたらされることになるからである。それが援軍だというのは、それは実際生物のうちにあるものに協力して、外から圧縮して固くしようとする外気に抵抗し、内にあるものが外へ押し出されるのを妨げるからである。そしてこのことをなすことの出来る間は、生きている、と言う。(3)』

しかし人知が進むと「いのち」を「いき」とは異なったものとして理解するようになった。その場合には人間や生物が生存するためのもとの力となるものを想定しているのである。

古代インドではこの意味の生命を jiva とか jivita と呼んだ。それは「生きる」(jiv) という動詞に由来する。そこで、命だけをとくにとり出した言葉としてジーヴァ (jiva) という名詞が使われるようになった。ジーヴァは生きるという意味である。生きもの、生命、霊魂をいう。これはラテン語において「生きる」(vivere) という動詞に由来する vivus (生きている、生き生きとしている) という語と語源的にも共通の源泉に由来し、ギリシア語で生命を意味する bios とも語源的に連関がある。

インドではさらにこの「ジーヴァ」という語がまた個人存在あるいは個我を意味しても使われた。そこで生命の観念をもっとはっきりさせようというので、ジーヴィタ (jīvita) という言葉が生命を意味するものとして使われるようになった。命《いのち》、生命を意味するときには、仏教でも、さらにインド一般に、jīvita という。これが生命を意味する最もはっきりした観念である。〔jīvita というのは過去分詞からつくられた名詞であり、ラテン語の vita も過去分詞からつくられた名詞であるので、語源的ばかりではなくて、語形的にも対応している。〕

これらの言葉が仏教にもうけつがれた。そして、ことにジーヴァとか、ジーヴィタとかいう語は漢訳されるばあいには、漢訳の仏典では「寿」という言葉で訳されていることがしばしばある。あるいは命をもっている生存主体のことを、漢訳仏典の言葉で「寿者」などともいう。

仏教では人間が生きている期間、人間として生きている間を「寿命《じゅみょう》」(Sanskrit ; āyus) という。俗には「命数《めいすう》」ともいうが、命の長さ、命の限りをいう。「寿量」というのも同じ意味である。この寿は、三界・六道の別によって量が定まっているから、これを「寿量」というのだという説明もある。そこでときには「寿」と「命」とを区別することもある。

インドで「息」を意味するprāṇaやasuとは別に、「息」とは無関係にjivitaということばで考えたような観念を、古代日本人は考えなかったようである。ただ「いのち」の語源を「息」から切り離して「いきねうち」（生性内）とか「いのち」（生霊）と解した学者は、呼吸とは一応切り離して考えていた。そうしてわが国では、別の和語を考え出すことなしに「生命」という漢語を用いるようになった。

近代になって自然科学の発展とともに、「いき」や「呼吸」の現象の見られぬものにさえも生命を見出し、それを精細に研究するようになった。

現代になって現代人一般の常識として、〈生命〉を特別の概念として立てるときには、「生物を生物として存在せしめている原動力」であり、それは「生物の発育・運動・繁殖などの現象から導き出される一般的概念」「生きて活動する根源の力で、生物を生物として存在させるもの」などと諸辞典に説明されている。しかしこれらの説明は、説明する句の中に〈生きる〉という概念が含まれているから、定義にはなっていないのである。

現代のLife Scienceの学者の報告するところによると、生命をもっているもの、つまり生物の条件としては、次の三つが考えられている。

（1）エネルギーの転換ができる。

（2）自己保存のための機構をもつ。
（3）自己増殖の機構をもつ。

そうして生物には、細胞の中に核をもつ真核生物と、核をもたない原核生物とがある。原核生物はすべて単細胞であるが、真核生物には単細胞のものと多細胞のものとがある。多細胞生物が複雑な生物界を現出しているのである。

ともかく、生命というものは、精神現象以前のものであり、その基底に存するものである。われわれの存在のうちには、消化、血液循環、呼吸というような不随意の生命現象もあり、また自分の意志にしたがって手足を動かしたり、また欲する方向に眼を向けるというような随意な運動もあるが、どちらも生命現象であるという点では共通である。われわれは意識作用を自覚していることもあり、そうでないこともあり、何ごとかをめざして意欲的に身体を動かすこともあり、また、気づかないで無意識のうちに身体を動かしていることもあるが、いずれにもせよ、生命は精神現象に先行している。

つねに行為をせねばならず、何らかの決断をなすように迫られているわれわれの立場から見ると、意識ある生命と無意識なる生命とは異なっている。われわれが生長して現にここに見えるような手をもつに至ったということは、目に見えない無意識な生命によって規定され形成されたのである。ところがその手を動かして、いまわたくしがステッキを取り上げるということは、意識ある生命の、有意志的行為である。両者は明らかに異なっている。しかしこの相違を超越した基底的な次元においては、両者はつながっているのではなかろうか？　何となれば両者は、種類を異にするけれども、やはり生命現象であるという点では一致しているからである。

人間のみならず、動物の有機的運動は、任意的なものもあり、また不任意的なものもあるが、これを生理学的に考察するならば、一定の筋肉の収縮である。どの筋肉でも、その中に通ずる神経によって刺激されて収縮するのである。ただそこには区別がある。生理学的に見ると、神経への刺激は、随意筋に対してなされるときには、脳脊髄神経系から生じ、不随意筋に対してなされるときには、交感神経系から生じる。両者の場合、因果関係の連絡が異なっているのである。いずれの場合にしても、われわれは因果律のはたらいていることを認めねばならないが、現実の因果関係は複雑であって、幾多の原因や条件がはたらいていることを認めなければならないが、因果の連結関係に或る種の相違が存する。

任意なる生命現象の発現の場合には、われわれの精神機能――これを仮に知的インテレクトと呼んでもよい――が脳を経て神経結節に刺激を及ぼすが、不任意なる生命現象の発現の場合にはそのことがない。

この連絡を〈因果関係〉に翻訳すると、不任意の生命現象の場合には、動力因、機会因と結果との関係になるが、任意の生命現象の場合には、その上に目的因（動機）と結果との関係がもう一つ加わっている。

いずれにしても、われわれの生存の根底に存する力が、それを発現させているのである。その力は単に物理学的な力としては尽くせないものがあり、それを生理学では生命力（Lebenskraft）とよび、それが意識をともなっている場合には、哲学者は心理的な呼称を用いて魂（Seele, soul）と呼んでいた。

ただ生命力、あるいはさらに魂が、いかなるものであるかということになると、不可知であると言わざるを得ない。概念規定を精密にすることによって無限にそれに近づくことはできるけれども、その本質を概念によって規定することはできない。

ショーペンハウアーやドイセンは生命現象のうちにはたらいているものを「意志」(der Wille)と呼び、有機体の植物的作用において活動しているものを〈無意識的意志〉(der unbewusste Wille)と呼んだ(4)。しかしこれを「意志」とよぶことは、一種の譬喩的表現であると言わねばならぬであろう。何となれば一般ドイツ語の表現においては、植物の成長作用を "der Wille" と呼ぶことはないから、このような説明は理論的な解決を与えないからである。

ただわれわれは、思慮分別をともなわない盲目的な衝動としてはたらくものがあり、刺激によって規定され、わが有機体のうちにおけるあらゆる不任意の動きを遂行し、消化・血液循環・呼吸・分泌などの作用により、身体を養い、その発育を促すところの内面的な衝動原理があるといえよう。それが生命なのである。

人智の進歩とともに生命の本質に関する哲学的思索も明確化したが、大別すると、生命の構造については、

Ⅰ　生命を非物質的な特別な力の作用と見る生気論と、

Ⅱ　生命を単に力学的な機械装置とみなす機械論と、二種の見解がある、と言えよう。

（1）『日本国語大辞典』「いのち」の項。

（2）*Śatapatha-Brāhmaṇa* X, 3, 3, 6.

（3）デモクリトス断片、一七二（山本光雄訳編『初期ギリシア哲学者断片集』、岩波書店、一九五八年、七六ページ）

（4）Paul Deussen : *Die Elemente der Metaphysik* (Leipzig : Brockhaus, 1921) S. 94—95.

生気論的理解

すでに古代人において「息」の奥に「生命」あるいは「自分自身」があるのではないか、という探求が起こった。インドでは特にウパニシャッドの中にその動きが現われた。

人智がしだいに進歩して来ると、人々は原始的な幼稚な世界観、来世観では満足しなくなった。バラモン教ではウパニシャッドがつくられたが、これはインドの最古の哲学文献である。インドの哲学はウパニシャッド（Upaniṣad）から始まるといわれている。ウパニシャッドはヴェーダ聖典の一部であるが、その内容はヴェーダ聖典一般とかなり相違しているので、一応べつに論ずることにしたい。ウパニシャッドの哲人たちは宇宙の根本原理、個人存在の根源にあるものをどこまでも追求する努力をつづけた。いろいろな思索が述べられているが、世界の究極の原理、絶対のものをブラフマン（梵 brahman）と呼んだ。梵語の「梵」という字はブラフマンという語の発音を写したものである。これは呪力に満ちたヴェーダの讃歌、祭のまじないの言葉を意味していたし、さらにそのうちにひそんでいる不思議な力、霊力をもブラフマンと呼んだ。神秘力を意味したのである。祭を司るバラモン（婆羅門）はこういう神秘力を備えている。その神秘力をとらえるならば、いかなることも支配しうると考えた。そして、それが抽象化されて世界の究極の原理、根本原理をブラフマンと呼ぶようになったのである。今日なおこのブラフマンという言葉は、インドにおいてはそういう意味で使われている。

ところで絶対のものはどこにあるのであろうか。それはわれわれを超えたものではなく、われわれ自身の存在のうちにある。ブラフマンはわれわれのアートマンにほかならぬ、という主張がなされた。この「アートマン」は息を意味し、それが転じて身体や自身を意味する言葉になり、哲学的な概念としては自我、霊魂を意味し、ときには本体、万物に内在する力と考えられたことは、すでに述べたとおりである。絶対のものはわれわれのうちにある。本来の自己が絶対のものである。逆に自己はブラフマンにほかならない。われわれの存在がいかに微々たるものであろうとも、そのうちには絶対のものがひそんでいる。そこでブラフマンすなわちアートマン（梵我）が絶対のものであり、われわれは一体のものであるということが、ウパニシャッドにおいて強調されたのである。世界の姿はいろいろであるが、しかし、その根本にある絶対のものは一つであると説く、そのような思想が、多くの人々によって説かれたのである。

たとえばシャーンディリヤ[1]（Sāṇḍilya）という学者はつぎのように主張した。――万物の真理はブラフマンである。それはわれわれが経験するありとあらゆるもの、いっさいのものと同じである。このブラフマンは真実そのものである。考えたことがそのまま実現される。それは万物に遍在していて、心のごとく速やかであり、いっさいの方角にわたって支配している――と。ここには非常に汎神論的な思想が述べられている。この絶対のブラフマンというものは、われわれの本来の自己と称すべきものである。これがわれわれのアートマンであるといっている。そしてそれが、われわれの身体のうちに存する「黄金の原人」、原理としての人間である。ブラフマンはわれわれの心臓のうちにあり、アートマンともいわれている。それは非常に小さなもので、米粒より、麦粒より、ケシ粒よりも、キビ粒よりもさらに微小である。と同時にそれは絶対のものであるから、無限に広がって極大である。それは他方では地よりも、空よりも大であり、天よりも大である。これらの世界すべてを合わせたよりも、もっと大きい。極小にして極大であると言う。ここには反対の一致の思想がのべられている。

さて人間は生きているが、その命を動かしているものとは何かといえば、これは意向（kuratu）であるといっている。人間がこの世において意向を有するごとくに、この世を去ってのちには、そのとおりに実現する。人間が死ぬとこのようなものになると思っていると、そのとおりに実現する。したがって人は心を静かにして、万有の真理を瞑想すべきである。心が乱れていると、死後も心を静かならしめない。万有の真理を瞑想すれば、この世を去ってのちに絶対のものに合一することができる。そう信じているものにとっては、いかなる疑惑も存せず、必ずそのとおりに実現されるというのである。

この人の思想をうけたのがウッダーラカ（Uddālaka）である。(2) 仏教以前の学者であるが、その人によると、ありとあらゆるもの、万有、が絶対者ブラフマンである。それがわれわれの本体、すなわちアートマンである。それは極大にして極小である。そこまではシャーンディリヤと同じであるが、その道理を別の表現を用いて述べている。「この偉大な万有は、うちにある微細なものを本質としている。それは真実であり、アートマンである。」という。彼の説明のうちには、「汝はそれである」という句が繰り返し述べられている。「汝はそれである」というのは後代のインド哲学では有名な言葉である。このばあいに「汝」とは個人存在としての汝であり、「それ」というのは絶対のものを指示していう。

もう一つ有名な文章は「我《われ》はブラフマンなり(3)」ということである。我《われ》は限られた存在であるけれども、限られた存在としては尽しえないものである。そのうちには絶対のものがある。だから我はブラフマンであると、言う。ここでも梵我一致の思想が述べられている。

かれは進んで、絶対のものはいかにして現象界の種々雑多のすがたを現わし出すかという過程を問題にした。簡単にいうと、宇宙は最初は有である。有というものは精神性をもっている。有と精神性とは一体である。この根本の有が多となる、すなわち多くのものになる。先ず繁殖しようと思って、欲望を起こして火をつくりだす。またその火が欲望を起こして、水をつくりだした。次いでその水が欲望を起こして食物をつくりだした。その三つが混じり合った。そこに、根本にある有といわれるものが、さらに意欲を起こして生命としてのアートマン（自己）として、元素としての火・水・食物のなかに入って、そこで生命が与えられたから、ありとあらゆるものが展開して現わし出された。外の世界が三つの元素から構成されているように、人間も水と火と食物〈後世の解釈によると「地」〉という三つの元素からなっている。その根本にある生命を司っているものが息である。心は息に制約されている。あたかも鳥をとらえてきて、ヒモでつなぐと、鳥があちこち飛んでいる。しかし足にヒモがついているから、遠くに離れてゆかない。あるところまでゆくと、つながれたところまで戻ってくる。それと同じように、われわれの心の中ではいろいろなことを思うけれども、根本の原理としての息、気息に制約されている、と。

以上の所論に関する限り、〈いき＝生命〉という思想を受けているのであるが、ウッダーラカは、さらに進んで、〈いき〉の奥にひそむ〈本来の自己〉というものを見出そうとした。

かれは主張する、――この気息もわれわれの真実の自己ではない。息のはたらきのもとに真実の自己がある。それが有にほかならない。われわれが目覚めて活動しているときには、本来の〈有〉から離れている。しかし人が眠っているときには、有と合一している。そのときには、真実の自己に到達している。この根本にある原理としての〈有〉といわれるものを、われわれは具体的なものとして、とらえることはできない。しかしそこから出てくるということは疑いない。ちょうど水のなかに塩を投げこむと、塩が溶けていることはわからないけれども、味わってみると、塩の溶けていることがわかる。そのように〈有〉といわれるものは、あらゆる事物の根本にひそんでいるけれども、われわれは感覚器官をもってそれを認識することはできない。しかし有ることは確かである。塩が水に溶けているようなものである。またバニヤンの実をとって割ってみても、その種子のなかには何もないけれども、あの偉大なバニヤンの木が小さい種子のなかから現われ出てくるということは、何人も疑うことができない。そこには生命がひそんでいる。それと同じ道理によって、われわれは根本の原理としての〈有〉を否認できない。生命の去ったときに、この肉体は滅びるが、しかし生命の本体は滅びることはない。不死である、生命の本体というものは、真実の自己であり、アートマンである。それはひそんでいて、目には見えないだけである。

生命の本体は主体的なものであるということを、ウッダーラカの弟子であるヤージニャヴァルキヤという哲人がとくに主張した。この哲人と彼の妻マイトレーイーとの対話は、ウパニシャッドの文章として有名であるが、そのなかで、次のように述べている。

インドでは人がある年齢に達すると、家を捨て隠居して、遍歴生活に入るという習俗があって、ヤージニャヴァルキヤも年をとってから家を出て、遍歴の生活に入ろうとした。そのとき妻のマイトレーイーがたずねた。――財宝が大地に充満して、それが自分のものになったとしても、われわれが不死の状態に入りうるであろうか、と。それに対してヤージニャヴァルキヤは答えていうのに、――そうなればなるほど資産家のような生活をすることができるだろうが、しかし、財宝によって不死は得られない、と。そこで〈不死〉について説き明かす。かれはこう説いた。――われわれの経験するありとあらゆるものは、アートマンにほかならない。このアートマン（自己）は、偉大なる実在ともいわれる。ありとあらゆるものは、アートマンの吐き出したものである。ちょうどたきぎに火をつけると、煙があちこちにのぼるようなものである。かれは続けていう。――「夫を愛するがゆえに夫が愛しいのではない、アートマンを愛するがゆえに夫が愛しいのである。妻を愛するがゆえに、妻が愛しいのではない。アートマンを愛するがゆえに妻が愛しいのである。」と。以下同じような文句を続けるわけである。資産、財宝、家畜など、諸々の神、生きとし生けるもの――それらを愛するがゆえに、それらのものが愛しいのではなくて、アートマンのゆえである。アートマンが愛しいから、それらのものが愛しいのである。この「アートマンが愛しい」という、この句の意味をどう解釈すべきか。インドの哲学思想史においては大きな問題になっているが、単なる利己的な行動主体としての自己を考えていたのではない。われわれの存在の根本にひそんでいる本来の自己というものを考えていたのであろう。その本来の自己というものがあるから、それに基づいて他人を愛するということが実現するのである。アートマンがみられるべく、考えられるべく、思われるべきである。それが認識されたならば、一切は知られたことになる。ここで譬喩をのべて説いているが、太鼓の音を聞くばあい、その音をとらえようと思っても、われわれはとらえることはできない。しかし太鼓を打つ人をとらえれば、そこでパッと音はやむ。もとを押えれば、そこですべてをとらえることができる。それと同様にわれわれが真のアートマンを知ったならば、すべてを知ったことになる。すべてと同化したことになるというのである。このばあいのアートマンは普通の認識の対象と同じような資格における事物ではなくて、本来の自己とでもいわれるべきものである。それを知ったならば、われわれは一切のものに合一したことになる。実際にわれわれが生きている間は自分と他のものとの対立がある。しかしその境地に達すれば、対立感を超えたことになる、ということを言っているわけであろう。

以上のようなことがウパニシャッドにおいて説かれているが、このウパニシャッドの哲学思想をうけて、哲学的に深めたのが後世のヴェーダーンタ哲学である。この哲学の伝統は非常に長いし、これを一々述べてたらきりがないが、そのうちの一人としてシャンカラという哲人の思想を紹介したい。シャンカラ（Śaṅkara 約七〇〇―七五〇年）はインドにおける最大の哲学者とみられている。果して最大の哲学者であるかどうかは、みる人の評価によって違うと思うが、現在インドにいる伝統的な学者すなわちパンディッドと呼ばれる人々の大部分は、かれの伝統に属する。かれの哲学は不二一元論といわれているが、「われわれが経験している領域においては二元対立がある。しかし絶対の境地においては不二、分かれていない一元である。」ということを説く。絶対者ブラフマンはいかなる限定をも許されない、限られることがない。絶対の無差別の実在である。それは最高の我である。われわれの個人存在というものは、確かに絶対者とは離れているが、その究極においては最高我とまったく同一のものである。では、われわれの本来の自己の存在がどうしてわかるのか。

ここでシャンカラは「自己の存在は否認しようとしても否認することができない」という議論を展開する。(それについては前章「自我の存在の論証」のうちで論じたから、ここでは省略する。)ただウパニシャッドからヴェーダーンタ学派に至るインドの哲学者の場合には、生命の問題を深く論ずることなしに、生命の現象を通路として〈自己〉の問題に入って行った傾きがある。

これに対応して、西洋でどのような思想的進展が見られたかは、いま審かにすることができないが、生命の概念を特別のものとして認めると、生命を神秘化する傾向がある。ドイツのロマン主義、ドリーシュ(H. Driesch)らの生気論、ベルクソンの主張した「生命の飛躍」(élan vital)の説、イギリスの心理学者・哲学者であったモーガン(Conway Lloyd Morgan)の創造的進化の説にはこういう傾向があるといわれている。

ところで、生気論の立場に立つと、生命のもとづくものが何であるかを説明し得ないで、神秘論や不可知論にみちびかれる恐れがある。

ベルクソンは周知のごとく(4)「生命の飛躍」(élan vital) ということを主張した。かれの主張によれば、生物は物質的要素の外的機械的結合によってではなく、唯一の単純不可分な内的衝動によって飛躍的に進化する。

ところでこの飛躍(エラン)ということは、『過去から決まるのでもなければ未来から決まるのでもない。……内に感じられるものの不可分性と、外から知覚されるものの無限可分性とによって、まさにこの現実の持続、力を産むこの持続を考えることが可能になる。そしてまさしくこの持続こそ、生命の本質をなす属性にほかならぬ(5)』生命とは、はじめから過去と現在と未来が互いに侵入しあって不可分の連続をなしている持続において、過去を保存し未来を予期しようと努める。(6)

以上の見解を価値論的視点から考察すると、エラン・ヴィタルは、絶対的価値の啓示であり、定言的価値の直観であると解することができる。(7)また神の発露、しかも自由な発露といってもよいであろう。(8)

ところで、ベルクソンの思想を理論的に分析すると、生命と物質とは相反するという立場に到達する。

ラッセルは批評する。——

『ベルクソンの哲学は、過去の大部分の体系とはちがって、二元論的である。彼にとっては、世界は二つのまったく異なる部分、すなわち一方では生命、他方では物質——あるいはむしろ、知性が物質だとみなしているところの自動力なき何物か——にわかれているのである。全宇宙は二つの逆行する運動、すなわち上昇する生命と下降する物質との衝突であり紛争であるという。生命とは世界の始まりとともにその終局的な形態で与えられた一つの大きい力、一つの巨大な活気に満ちた衝動であり、物質の抵抗に出会ってはそれをつき破ろうと苦闘し、組織化という手段によって物質を利用することを徐々に学び、街角における風のように、ぶつかったいろいろな障碍によって方向を異にするさまざまな流れにわけられ、物質が強要する適応という事実そのものを通じて部分的に物質に従属しはするが、自由な活動能力を常に持ちつづけるのであり、常に新しい吐け口を見出そうと努力し、対抗してくる物質のさまざまな障壁の中で、常により大きい運動の自由を求めるものだという(9)。』

ベルクソンの思想によると、経験は二通りのしかたで現われる。一方では経験は、事実に並列して出てくる事実、だいたい似た形で繰り返され、だいたいのところ計量可能であり、ついには判明な多様性と空間性との方向へ展開される事実という形をとる。他方、経験は、法則や計算を許さない純粋持続の相互浸透という形でも現われる。いずれの場合にも、経験は意識を意味する。ただし前者の場合、意識は外へとひろがり、物を互いに外的だと見るのに応じてみずから自分自身に対して対立者になってゆくが、後者の場合、意識は自己のうちに帰り、自己を把え直し、深めてゆく。意識がこのように自己を深めてゆく時、意識は物質と生命と実在一般との中にも入りこむことになる。[10]『既成の概念を用いて固定したものから動くものへ行こうとする記号的認識が相対的なのであって、動きつつあるもののうちへ入り込み、事物の生命そのものをわがものとする直観的認識はけっして相対的ではないのである。そのような直観は絶対的なものに達するのである。[11]』

したがって、知性はもともと生命を理解する能力をもっていない。知性の創造と物質物体の創造とは相関的なものであり、相互的な適応によって発展してきたというのである。物質は必然性に服従するが、意識とは自由をともなった記憶であり、持続における創造の連続であり、この持続においてこそ真に増大がある。そこに生命の進化が認められる、と言う。[12]

しかし物質を離れた生命というものが有り得るであろうか？　生命は物質を一つの要素としているとは言えないであろうが、物質は生命にとって sine qua non（必要条件）である。

ベルクソンのいうことはどうもはっきりと理解しがたい。ラッセルの理解するところによると、次のごとくである。

『物質と知性との同時的成長、というこの考えは巧妙なものであって、理解するに値するものである。大ざっぱに云って、彼が意味していることは次のようなことだとわたしは思う。すなわち知性とは、諸事物を相互に分離したものと見る力であり、物質とは別々の諸事物に分離されているものである。現実には、分離した固形の諸事物といったものは存在せず、あるものはただ果てしなき生成の流れだけであり、その流れの中で生成する事物というものはなく、無が生成して成る事物というものもない。しかし生成は上昇運動あるいは下降運動であり得るのであって、それが上昇運動である場合は生命と呼ばれ、下降運動である場合には、知性が誤認して物質と呼ぶのである、と。わたしはベルクソンの云う宇宙が、絶対者をその頂点とした円錐のような形をしていると想定する。なぜなら上昇運動は諸事物を結合させ、下降運動は事物を分離させる、あるいは少なくとも分離させるように見える、というからである。心の上昇運動が心に注ぎかかる落下する諸物体の下降運動を縫ってみずからの進路を求め得るためには、心は諸物体の間にさまざまな径路を切り開くことができなければならない。したがって知性が形成された時には、輪郭や径路といったものが出現したのであり、初源的な流動は分離された諸物体に切り割かされたのである。(13)』

ラッセルの解釈がベルクソンの思想内容を忠実に表現しているかどうか、わたくしには解らない。それを究明することは、哲学史家にとっては必要なことであるが、思索する者にとっては必ずしも必要のないことである。或る哲人の表現——それは甚だしく晦渋なるものであるかもしれないが——が何らかの意義深いヒントを内含している場合に、その問題点を整理して明確なる体系のうちに位置づけてくれる思想家がいたならば、むしろ後者のほうを重んずべきである。

さらにベルクソンによると、空間は物質に特有であるが、時間は生命に特有のものである、と言う。

『物質に特徴的なものであるところの空間は、流動を分割することから生じるのであるが、そのような分割は本当は錯覚的なものであり、実際上ある点までは有用であるが、理論上まったく誤りを導きやすいものだと彼は云う。それに反して時間は、生命あるいは心の本質的特徴なのである。「なんらかのものが生きている場合は常に、どこか時間が刻《きざ》まれている記録計《レジスター》があらわに存在する」と彼は云う。しかしここで言及されている時間とは、数学的な時間——相互に外部的であるところの諸瞬間が同質的に寄せ集められたもの——なのではない。ベルクソンによれば、数学的な時間は本当は空間の一形態なのであって、生命の本質に属する時間は、彼が「持続」と呼ぶものである。(14)』

ところでその〈持続〉とか〈純粋持続〉と呼ばれるものは、いかにして把捉することができるものであろうか？

われわれの持続は、直接には直観のうちでのみわれわれに提示されうるものであり、けっして概念的表象のうちに閉じこめ得るものではない(15)。われわれが瞬間をつかまえたと思ったときには、この瞬間はわれわれから、すでに離れてしまっている。われわれが実際に知覚するものは、二つの部分から成りたっている持続の、ある厚みである。その二つの部分というのは、過ぎ去ったばかりの過去とまぢかに迫った未来である(16)。

多くの瞬間が互いに結びつけられたものを持続と考えれば、いかに短い持続であっても、その瞬間の数は無限である。そこで持続が多より成るという見地から見れば、持続は崩壊して無数の瞬間の粉塵へ解体され、それらはことごとく瞬間なのだから、いずれも持続しないものである。他方、多くの瞬間をともに結びつける一なるものを考えれば、これもまた持続しうるものではない。何となれば、変化するものは、もろもろの瞬間の多の側へ入れられてしまっている。この一なるものは過去と現在とを、一つの有機的な全体に形成するものであり、その全体においては相互に浸透し、内に区別を含まない継起である。この一なるものの本質は、不動の共体であり、非時間的な本質、永遠と呼び得るものである(17)。真の持続へ向け直された精神はすでに直観的生命を生きており、この精神は、無限に分割可能でまた互いに交換できる瞬間の非連続的な集まりとし

て時間を見る代りに、不可分に流れる連続的な流動としての真の時間を把える、と言う。(18)

瞬間の連続としての純粋持続の主張は古代インドの仏教哲学者ダルマキールティの所論とよく似ている。

ただし、ダルマキールティは瞬間瞬間の連続を〈生きる〉とは呼ばなかったが、ベルクソンが〈生きる〉と呼んでいるのは、論理的には正確な表現ではなくて、むしろ譬喩的な表現である。〈生きる〉というのは、悲しんだり、喜んだり、欲望したり、争ったりすることではないか。

最近代の哲学学者たち(――哲学者ではない!)が大いにもてはやしたベルクソンの説いた〈生命〉なるものは、単なる譬喩であって実質的には何事をも解明してくれない。これはわたしだけの印象ではなくて、ラッセルも明言しているところである。

『彼が読者に対して自説を推賞してゆく全過程において、とくに類推や比喩がきわめて大きい部分を占めているのであって、彼の諸著作に見出される生命への比喩の数は、わたしの知るいかなる詩人の場合よりも多いのである。すなわち彼は次のように云う。生命は、炸裂した諸断片がまたもそれぞれ砲弾となるような砲弾に似ている。また生命は束《たば》のようなものでもある。初めは生命は「ことに野菜の緑色の部分がそうであるように、貯蔵庫の中に蓄積するような傾向」そのものであったが、その貯蔵庫は湯気が立ちのぼる沸騰水で満たされねばならず、「またさまざまな噴射が止むことなく吹き出ているにちがいなく、その噴射のおのおのが後退しては世界となる。」さらにベルクソンは、次のようなことを云う。「生命はその全体性において一つの巨大な波動としてたち現われ、それは中心から出発して外方へ拡がってから、その周辺のほとんど全部にわたって進行を停止され、振動に転化させられる。しかしただ一つの点において、その障碍は克服され、衝撃力は自由に通過したのである。」次いで、生命が騎兵団の突撃に喩《たと》えられる一大クライマックスがやってくる。「もっとも低級なものからもっとも高級なものにいたるまで、そして生命の最初の起源からわれわれが存在する時期にいたるまで、さらにあらゆる時代におけると同じくあらゆる場所において、すべて有機的組織を持った存在は、物質の運動とは逆でありそれ自身不可分割的であるところの、一つの単一な衝撃力を証明しているにほかならない。すべての生けるものは結合し、すべてはその同じ巨大な推進力に服してゆく。運動は植物の上にその座を占め、人間は動物界の上にうちまたがり、空間および時間の中において人類の全体は一つの大兵団となり、われわれすべての横を、前を、そして後《うしろ》を疾駆しては、あらゆる抵抗を打ち破り、多くの障碍を、そしておそらくは死さえも排除し得る圧倒的な突撃を敢行しているのである。(19)」』

ともかくここに述べられている所論はいろいろの問題を提供する。

さらに右と関連して〈純粋経験〉の思想もあわせて検討さるべきであろう。

ウィリアム・ジェームズの主張した〈経験〉の観念に対して、ラッセルは生命が基本的であり、生命の無いものには経験は存在しないという。

『われわれは、「経験」という語によって何を意味しているのだろうか？　それに対する答えを見出すための最良のやり方は、次のような問題を考えることである。すなわち経験されない出来事と経験される出来事には、どのような相違があるか、という問題である。眼で見たり身体で降っていることを感じた雨は、経験されたものであり、生物がぜんぜんない砂漠に降る雨は、経験されていないのである。このようにしてわれわれは第一の論点に到達する。すなわち生命が存在している場合を除けば、いかなる経験も存在しないのだ、と。しかし経験は、生命と外延を共有するものではない。わたしの気づかない多くのことが、わたしに生起するのであり、それらのことをわたしが経験している、とは云い難いのである。明らかにわたしは、自分の憶い出すことはなんであれ経験するわけだが、わたしがあからさまには憶い出さない若干の事柄が、今なおつづいている習性を築き上げたかも知れないのだ。火傷《やけど》をしたことのある子供は、自分が火傷をした時のことをぜんぜん憶い出せない場合でさえ、火を恐《こわ》がるのである。わたしはある出来事が、習性を構成する場合に、「経験」されたと云っていいように思う。（記憶ということは一種の習性である。）概して云えば、習性は生物有機体にのみ構成されるのであり、火かき鉄棒は、いくど赤熱されても火を恐れないのである。したがってわれわれは、常識的な諸根拠に立って、「経験」は世界の素材と同じ外延を持たない、と云うことにしよう。わたし自身、この点で常識を逸脱しなければならなくなるような妥当な理由が、ぜんぜんないと考えるのである。[20]』

これは〈純粋経験〉という観念をもち出してわれわれの生存や行動を説明しようとする認識の立場に対する反撃である。「われわれが生きている」という事実についての反省を忘れた純粋経験の分析なるものは、大して意味をもたないであろう。〈純粋経験〉というものが原本的なものであると解する思弁哲学に対して、ラッセルは〈われわれは生きている〉ということの自覚が原本的であるということを主張するのである、と解し得るであろう。あるいは、そのように解してはならないのかもしれないが、われわれはわれわれ自身の立場を明示せねばならぬであろう。われわれは、ラッセルの右の批判を通じて、むしろわれわれ自身のものとして、このような立場を明白にしておきたいと思う。

(1) Śatapatha-Brāhmaṇa, X, 6, 3;Chāndogya-Upaniṣad Ⅲ, 14.
(2) Chāndogya-Upaniṣad Ⅵ.
(3) Bṛhadāraṇyaka-Upaniṣad I, 4, 10.
(4) この語は、特にかれの『創造的進化』(L'évolution créatvice, 1907) において用いてから有名になった。『道徳と宗教の二つの源泉』(後出書、三〇八ページ以下)でも詳しく論じている。
(5) 『道徳と宗教の二つの源泉』(『世界の名著』53、中央公論社、三二八ページ)。
(6) 『意識と生命』(同、一四八ページ)
(7) 中田光雄『ベルクソン哲学　実在と価値』(東京大学出版会、一九七七年)三六九ページ。
(8) A・D・セルティランジュ著、三嶋唯義訳『アンリ・ベルクソンとともに――持続論・科学論・宗教論』(K&K・K出版行路社、一九七六年)一五ページ。
(9) B・ラッセル著・市井三郎訳『西洋哲学史』下巻(みすず書房、一九五七年)二六八ページ。
(10) 『哲学的直観』(『世界の名著』53、一二八ページ)
(11) 『形而上学入門』(同、九九ページ)
(12) 『意識と生命』(同、一五二ページ)
(13) ラッセル著『西洋哲学史』下、同、二七〇ページ。
(14) 同、二七二ページ。
(15) 『形而上学入門』(『世界の名著』53、七四ページ)
(16) 『意識と生命』(同、一四二ページ)
(17) 『形而上学入門』(同、九二ページ以下)
(18) 『哲学的直観』(同、一三二ページ)

(19) ラッセル著『西洋哲学史』下、二七五―二七八ページ。
(20) 同、二八九ページ。

機械論的理解

以上に対立するのは機械論の思想である。もちろんその主張にもいろいろとニュアンスの相違がある。

インドにも古来、唯物論があって、仏教が興った時代にすでに唯物論者が現われていた。アジタ（Ajita）という人（西紀前約五世紀）がその代表者であったが、彼らによると、人間というものは、地・水・火・風という四つの元素が集まってつくられたものである。死ねば、われわれの身体は四つの元素に分解してしまって、霊魂というものはない。生命というものは、要するにそれらの四つの要素に内在する力である。ちょうど穀物に酵母を加えると、おのずからアルコールが出てくるのと同じように、物質のおき方で、生命はおのずから出てくるものであるという説を述べていた。しかしこれはインドではあまり伸びなかった思想である。

また、それに似た思想をパクダ・カッチャーヤナ（Pakudha Kaccāyana）という人（西紀前約五世紀）が説いた。人間の個人存在は七つの要素から構成されている。その七つの要素とは地水火風の四つの元素と、苦・楽という要素と生命という要素とである。われわれが愉快だといい、楽しいと感じるときには、そこに「楽」という要素が加わっている。また苦しいと感ずるときには、「苦」という要素が加わっている。最後に挙げられた生命（jīva）は霊魂と訳してもいいかと思われる。この七つの要素が集まって、われわれの個体を形成している。この七つの要素は不変であって、たがいに他の要素を損なうということはない。

そこで実践的にはとんでもない結論が出てくる。人を殺してもかまわない。なぜならば、鋭い剣をもって人の頭を断っても、それによって何人《なんぴと》も何人の生命をも奪うということはない。ただ、七つの要素が人間を構成しているその隙間を、剣の刃がすっと通ってゆくだけである、と説いた。また仏教の興った時代にはいろいろな奇矯な思想があったけれども、アージーヴィカ教は、つぎのように説いた。――ありとあらゆるものには霊魂、生命がある、と。

ギリシアにおける唯物論の代表者というと、ひとは当然デモクリトスを思い浮べるであろう。ただしかれは魂は特殊な球形の実体であり、それが生物の運動を起こすものだと考えていた。『二三の人々は特に、そして第一に魂は動かすものだ、と主張する。そして自分自ら動かないものは他のものを動かすことが出来ないと考えて、魂を何か動くものの一つである、と解した。ここからしてデモクリトスは、魂は一種の火であり、熱である、と主張するのである。すなわち、形態、つまりアトム（atomon）は無数であるが、そのうち球形のものが火であり、魂である、と言う。それは例えば、戸の隙間を通ってくる光線のうちに現われる空気中のいわゆる浮塵のようなものである。そして〔もろもろのアトムの〕混合群（panspermia）が全自然の要素である、と言う。……しかしそれらのうちで球形のものが魂である、と言うが、それは、このような形態のものは凡てのものに最もよく潜入することが出来て、自分自身も動きながら、残りのものを動かすことが出来るためなのである。(1)』

魂もやはり物質であり、しかも動かし易い形をとっていると解していたのである。魂の存在を認め、しかもそれが物体であると考えていた点で、デモクリトスはパクダ・カッチャーヤナと共通である。

しかし存在するものは、物質だけなのであろうか？

物質（Materie）とは「一つの空間をみたすもの」（das einen Raum Erfüllande）であり、われわれの経済的な日常生活ではこれの存在を認めなければならない。その意味では唯物論は真理である。

しかし物質を通じて認識される高次元のものがある。それをドイセンは「超越的な、超世界的な神的な、事物の秩序」(“eine franszendente, überweltliche, göttliche Ordnung der Dinge”) と呼んでいる。(2)

わたくしの外にある一本の樹をわたくしがどうして知覚するに至るか、を科学者は説明する。しかしそれは、その樹木が知覚されたようなすがたで実在するということを証明しない。わたくしの意識の中に、そのような表象の成立する過程を説明しているだけである。対象も感官も脳髄もすべて表象である。

対象それ自体がいかなるものであるということ、それ自体を、われわれの認識能力は明らかにすることはできない。われわれはただそれに可能な限り迫り得るというだけにすぎない。

このように考えてみると、「すべては物質のみである」「生命も物質にほかならない」という場合に、「物質」という観念はわれわれの抽象的思惟にもとづいて構成されたものであり、いかに合理的をもっているとしても、やはり或る意味でのフィクションにほかならない。生命は単に物質であるというだけでは解決のつかない問題がある。

生命の問題に関する論議の伝えられている最も古い学者は、アリストテレスであろう。アリストテレスにおける〈生命〉の原語は Zōē である。生命の問題と関連のあるかれの所論を検討してみよう。

『いちばん実体であると人々の思っているのは物体、そしてそのうちでも自然的物体である。何故ならこれらはその他のもの〔＝人工的製作物〕どものでてくる根元であるから。しかし自然的物体のうち或るものどもは生命を持ち、或るものどもはそれを持たない。そしてわれわれが生命と言うのは自分自身の力による栄養摂取、成長、衰弱〔をするもの〕のことである。従って生命に与かる自然的物体はすべて実体、しかも合成されたものとしての意味での実体であるということになるだろう(3)。』

これに対して霊魂は物体ではなくて、生命ある物体の形相であると、アリストテレスは主張する。——

『しかしこの自然的物体は物体であると共に、このような性質のもの（というのは生命を持つものであるから）であるので、霊魂は物体ではないだろう。何故なら〔この場合〕物体は主語について語られるものどもの一つではなくて、むしろ主語や質料のようなものであるからである、〔しかるに「或る物体は生命のあるものである」の如く、霊魂は主語について語られるものどもの一つである、〕従って必然に霊魂は実体、それも可能的に生命をもつ自然的物体の形相という意味での実体であることになる。』

そうしてこういう意味における霊魂は、自然的物体の現実態であると解せざるを得ない。

『しかし〔この意味での〕実体は現実態である。従って霊魂はこのような自然的物体の現実態ということになる。』

さらにそれは、知識と同じような意味における現実態であると言わねばならぬ、

『しかしこの現実態は二通りの意味で言われる、その一つは知識がそう言われる意味で、他の一つは知識活動がそう言われるような意味で。だから霊魂は知識がそう言われる意味での現実態であることは明らかである。というのは〔例えば〕睡眠も覚醒も共に霊魂があることにもとづくが、しかし覚醒は知識活動に、睡眠は知識を持ってはいるが、それを運用していない状態に対比せられるからである。しかし知識は同一の人においては生成の上では知識活動より先のものである。それゆえ霊魂は可能的に生命を持つ自然的物体の第一の現実態である。』

そのように断定する理由を説明していう、

『そしてこのような物体というのは、器官を持つもの〔＝有機体〕であるなら、そうである。(そして植物でさえもその部分は器官であるが、しかし全く単純なものである、例えば木の葉は果実の皮の覆いであり、果実の皮は果実の覆いである。そして根は口に類比的なものである。というのはこれらは両方とも栄養を摂るものだからである。)従って霊魂のすべてについて何か共通のものを言わなければならないとすれば、それは「自然的・有器官的〔有機的〕物体の第一の現実態」ということになるだろう。』

そこでアリストテレスは、霊魂と身体との関係を、質料とそれに付せられた一種の型と見なしている。

『それゆえまた霊魂と身体とが一つであるかどうかと探求するには及ばない、それは封蠟と〔それに印形によって与えられた〕押型とが一つであるかどうか、一般的に言って、それぞれのものの質料と質料がそれであるところのそれとが一つであるかどうかと問うに及ばないのと同様である。(4)』

生きていることの特質を、アリストテレスは次のように定義している。(5)

『われわれは考察の出発点を取上げて、有魂のものは無魂のものから「生きていること」によって区別されると言う。しかし「生きていること」は多くの意味で言われるから、たといそれらの意味にあたるものが、もののうちに何かただ一つあるだけでも、そのものは「生きている」と言う、そしてそれらの意味にあたるものというのは、例えば理性、感覚、場所による運動と静止、さらに栄養にもとづく運動、すなわち衰弱と成長などである。』

植物にも生命があり、生きている。

『それゆえに植物もまたそのすべてが「生きている」と思われているのである。何故なら植物は明らかに、それによって相反する方向に成長と衰弱とを受け取るような能力と原理とを持っているからである。相反する方向に、というのはそれらが上の方へは成長するが、しかし下の方へはしないというのではなく、両方へ、そしてあらゆる方向へ同様に成長するだろうからである。ただし、これは常に栄養をとり、そして栄養をとることのできるうちは絶えず生きつづけているものについて言っているのである。』

自然界の物体が諸元素より成るものであるということを、アリストテレスも認めていたのであるから、そうして生命という独立の原理を認めることは無かったのであるから、かれの生命観は、やはり唯物論・機械論の系列の上にあった、ということができるであろう。

では生物のうちでも〈動物〉の特徴はどこに存するのであろうか？

『ところで「生きること」はこの原理によって「生きているものども」に属するが、しかし「動物であること」は感覚によって初めて可能である。というのは動かなくとも、場所を取換えなくとも、感覚を持っているものなら、これをわれわれは「動物」と言って、ただ「生きている」とだけは言わないからである。』

ところで感覚にはいろいろの種類があるが、それらのうちであらゆる動物に共通のものは触覚であるという。

『しかし感覚のうちで先ず第一にすべての動物に属しているのは触覚である。そして栄養的能力が触覚やその他のすべての感覚から分離されることができるように、触覚はその他の感覚から分離されることができる。』

アリストテレスは植物にも霊魂があり、それは栄養的能力であると考えていた。(6)

『霊魂の諸能力のうち以上にあげられたものどもは、われわれが言ったように、〔生物の〕或るものどもにはそれらのすべてが、しかし或るものどもにはそれらのいくつかが、また或るものどもにはただ一つだけが属している。そして諸能力としてわれわれがあげたのは、栄養的、感覚的、欲求的、場所による運動可能的、および思考的能力である。そして植物にはただ栄養的能力だけが属するが、しかしその他のものにはこの能力と感覚的能力とが属する。』

動物には、植物以上に、栄養的能力のほかに他の諸々の能力が存する。

『しかしもし感覚的能力が属するなら、また欲求的能力も属する。というのは欲求は欲望と敢闘心〔＝気概〕と意欲とであり、そして動物はそのすべてが諸感覚のうち少なくとも一つ、すなわち触覚はもっているが、感覚の属するところのものには、快感と苦痛、〔それらをひき起こす〕快きものと苦痛なものとが属し、これらのものが属するところのものには、また欲望も属するからである。何故なら欲望とは快きものの欲求であるからである。』

しかし動物はその上に感覚としての触覚をもっている。

『しかしその上、動物どもは栄養物の感覚をもつ。というのは触覚は栄養物の感覚だからである。

何故なら動物どもはそのすべてが乾けるものや湿れるもの、温かいものや冷たいものによって養われるが、しかし触覚は〔直接には〕これらのものどもの感覚だからである。そしてただ付帯的な仕方においてのみその他の感覚されるものどもの感覚である。……

今のところはただこれだけのことを言っておくことにしよう、すなわち生きているものどものうち触覚を持っているものどもには、また欲求が属するということを、しかし表象もまた属するかどうかは不明である。……』

さらに一般の動物から区別される人間の特性については次のようにいう。

『しかし或るものどもには思考的能力や理性〔＝直覚知〕も属する、例えば人間や他に何かそのようなもの、あるいはもっと尊いものがいるならば、それらがそれである。』

栄養をとるということは、生命にとって本質的なことである。

『質的変化も成長も霊魂によるものである。何故なら感覚は一種の質的変化であると思われるが、しかし霊魂に与からないものはどれも感覚はしない。しかしまた成長と衰弱についても同様である。何故なら栄養をとるのでなければ、自然的には何ものも成長も衰弱もしないが、しかし生命に与からないものは、どれも栄養はとらないからである。(7)』

以上をまとめていうと、アリストテレスによると、魂は肉体と結ばれてあるものである。肉体とは独立な魂の輪廻というピタゴラスの説を嘲笑している。[8] 魂は肉体とともに滅びるように見える、と言う。

『「したがって疑いもなく、魂は肉体と不可分である、という結論が出てくる」(413 a)。しかし直ちに彼は、「あるいはとにかく、魂のある部分はそうであることになる」と附け加えている。肉体と魂とは、質料と形相のように関連しあっている。「みずからの内に可能的に生命を持つ肉体の形相、という意味において、魂は実体でなければならない。しかし実体は現実であり、したがって魂は、すでに特徴づけをしたように、肉体の現実なのである」(412 a)。魂は「事物の本質の確定的定式に相当する意味で、実体である。それは次のことを意味している。すなわち魂とは、いま賦与したばかりの特徴〔すなわち生命を持つこと〕を持つ肉体の、『本質的性格』であることだ」(412 b)。魂とは、みずからの内に可能的に生命を持つ自然の肉体の、第一級の現実である。このように叙述された肉体は、有機体化された肉体である(412 a)。魂と肉体とは一つであるかどうか、と問うことは、蠟とそれにスタンプで押しつけた形とが一つであるかどうか、と問うことと同様に無意味である(412 b)。自己営養作用は、植物の持つ唯一の魂的能力である(412 b)。魂は、肉体の目的因である(414 a)。[9]』

類似した観念を他の文化圏に求めるとすると、アリストテレスの〈精神〉はアートマンに、〈魂〉はマナス(manas)に対応する点がある。

これについてラッセルは次のように説明している。

『アリストテレスの霊魂説を理解するためには、魂が肉体の「形相」であり、空間的な形も一種の「形相」であることを、想起しなければならない。魂と空間的な形との間には、どのような共通点があるのだろうか？　わたしはその共通点が、ある量の質料に統一を与えることにあると思う。後には彫像となる大理石塊の部分は、まだ大理石の残余の部分と分離されてはいない。それはまだ一つの「事物」ではなく、いかなる統一性をも持っていないのである。彫刻家がその像を作った後に、それは統一性を持つのだが、その統一性は外形から派生する。さて魂の本質的特徴——そのために魂が、肉体の「形相」となるところの特徴——は、魂が肉体をして、統一的単位としての目的を持つ有機的全体とすることにある。単一の器官は、それ自身の外側に目的があるのであって、例えば眼は、他の部分と離れては見ることはできないのだ。このように、全体としての動物あるいは植物を主語にして、多くのことが言い得るのだが、それらのことは動植物のいかなる部分についても、言うことはできないわけだ。有機的組織、すなわち形相が実体性を与えるというのは、この意味においてなのである。植物や動物に実体性を与えるものが、アリストテレスの言う「魂」なのである。(10)』

しかしそれよりも高次の原理として精神がある。精神の存在をアリストテレスは否定しなかった。かれはそれを霊魂（psykhē）と呼んでいる。

霊魂には、栄養的能力、感覚的能力、触覚的能力などが存し、それらを持つか持たないかは生物によって異なるが、極く小数の生きものだけが算段力と思考力とを持つ。『何故なら可死的なものどものうちで算段力を持つものどもは、まだ残りの能力のすべてをもつが、しかし残りの能力のそれぞれを持っているものどものすべてが、算段力をもつわけではない。いや、或るものどもは表象さえも持たないが、しかし或るものどもはただその表象だけによって生きる。[11]』ところで理論的理性は、実際問題として人間だけがもっているものであるが、それは、魂の一部分であろうが、生き物のうちの少数だけが持っているに過ぎない（415 a）。思弁としての精神は、運動の原因とはなり得ない。なんとなれば、それは、実際的なことについてはけっして考えず、何を避くべきかあるいは何を追求すべきか、についてはけっして指示を与えないからである。

『（霊魂の）算段的部分も、理性と呼ばれているものもその動かすものではない。何故なら理論的理性が考究するものは何も実行されるべきものではないし、また忌避すべきものや追求すべきものについて何も言いはしない、しかるに運動は何かを忌避、あるいは追求するものに属するのである。……理性が命令し、思考が何かを忌避、あるいは追求するように言っても、人は動かされないで、むしろ欲望に従って行為する。[12]』

趣旨においてはけっきょく同じことを述べているのであるが、同じことが『ニコマコス倫理学』ではさらに体系的に述べられている。――

魂の中には、(A)合理的な部分と(B)非合理的な部分とがあり、さらに非合理的な部分には二つの部分があって、(i)生けるもののすべて、すなわち植物にさえ見出されるところの栄養と成長とを示す部分と、(ii)すべての動物に存在する食欲などの欲求を示す部分とである、[13]と。

『魂の或る部分は(B)分別をもたない部分であり、(A)他の部分は分別をもつ部分である。……

(B i)分別をもたない部分のうちの一つは魂をもつものすべてに共有な部分であり、それは魂の植物的な部分であるように思われる。すなわち、私が言うのは栄養と成長の原因となるもののことである。というのは、魂のそのような能力をひとはすべて栄養機能をもつもの、したがって、胚子にも認めうるし、また同じ能力を成体にも認め得るからである。……

(B ii)だが、他にも魂に本性上そなわる部分であって、分別をもたない部分があるようである。だが、これは或る意味では分別にあずかる。というのは、われわれは抑制のあるひとと抑制のないひとについて、かれらの持ちあわせている分別を賞讃し、かれらの魂のなかで、この分別を持ちあわせている部分を賞讃するからである。分別はかれらにただしく勧告し、もっとも優れた行為をするよう勧告するのである。

だが、かれらのうちには、明らかに、本性上分別に反する他の部分もある。この部分は分別と争い、分別に抵抗する。……

このようにして、(B) 分別をもたぬ部分にも二つあることが明らかである。すなわち、(i) 一方は魂の植物的な部分であって、これはいかなる意味においても分別にあずかることがない。これに対して、(ii) 他方は欲望的な部分、一般的にいえば、欲求的な部分であり、分別に聞きしたがい、服従するものであるかぎりにおいて、分別に何らかあずかるものである。[14]』

ところが人間はその両者以上のものをもっている。それは理性である。そうして理性ある魂の生活とは観想(冥想)の生活であり、それは充分には達成し得ないけれども、人間の持ち得る完全な幸福なのである。

『しかしながら、このような生は人間の程度を上まわる生であると言えよう。というのは、ひとは人間としてあるかぎり、そのような生を持ちえず、或る神的なものが人間のうちに存するかぎりにおいて、これを持ちうると考えられるからである。[15]』

凡人はこのような至上の観想活動を実践することは不可能である。それは凡夫の境涯を超えたものなのである。ただ、ひとえに、神的な何ものかが人間の内に存することによって、それが可能となるのである。

『そして、この神的なものの存在が〔形相と質料から〕合成されたものの存在に優越するものであるだけ、それだけいっそう、この活動も他の器量による活動に優越するものである。こうして、理性が人間に比して神的なものであるすれば、理性にしたがった生活も人間的な生活に比して神的な生活であることになろう。』

すなわち人間が理性にしたがっているかぎり、そのかぎりにおいては、人間の生活も神的であるということができる。『だが、われわれは「人間であるかぎり、人間のことを、死すべきものであるかぎり、死すべきもののことを想え」と勧めるひとびとの言葉に従ってはならない。』

ここで「人間のことだけ想え」と教えているのは、ギリシアの古典時代の詩人たちに一般に見られる伝統的な処世訓であり、ピンダロス、ソポクレス、エウリピデスなどに見られるというが、(16) アリストテレスはこれを批判しているのである。かれは、凡俗の常識的な世俗処世法から一歩脱け出したのであった。

『むしろ、われわれに許されるかぎりにおいて、不死なるものに近づき、われわれ自身の内にあるもののうちで最高のものにしたがって生きるようあらゆる努力を尽すべきである。なぜなら、これは嵩においては小さなものにすぎないにしても、力と尊さにおいては一切のものを遠く越えるからである。』ここでアリストテレスのいう〈最高のもの〉〈不死なるもの〉は最善のもの、最も価値あるものであり、われわれのうちにあるものであり、微小なるものであるというから、インドの哲人たちの主張したアートマンの観念に接近して来る。

けっきょく要約して言うと、人間は(1)栄養的なはたらき(――植物に属する――)と(2)感覚的なはたらき(――動物に属する――)の上に、さらに(3)理性的なはたらきをもち、ものごとを批判し、判断する思考的魂をもっている。

アリストテレスのこの説明の趣旨をラッセルは次のように説明している。

『これらの行文よりすると、ある一人の人間を他のひとから区別するところの個性は、肉体と非合理的な魂とに関連していて、合理的魂すなわち精神は、神的で非個人的であるように思われる。あるひとはかき(牡蠣)を好み、あるひとはパイナップルを好む。そしてこれが、両者を区別している。しかしこの両者が掛算表について考える場合には、もしその思考が正しければ、両者の間に相異はない。非合理的なものはわれわれを分離させ、合理的なものはわれわれを統一する。このように精神あるいは理性の不死性は、個々別々の人間の個人的不死性ではなくて、神の不死性への参与である。プラトンが与え、また後にキリスト教徒たちが教えたような意味での個人的不死をアリストテレスは信じなかったように見える。人間が合理的である限り、人間は不死なる神的なものに参与する、ということだけを彼は信じたのである。人間は、みずからの本性における神的な要素を増加させるか否かの自由を持っている。そしてそれを増加させることは、最高の徳なのである。しかしもし人間が、そのことに完全に成功してしまったとすれば、そのひとは個別的な人格として存在することを止めてしまうだろう。以上は、アリストテレスの言説に関する唯一の可能な解釈ではなかろうが、もっとも自然な解釈であるとわたしは考えている。(17)』

このアリストテレスの立場を唯物論と呼んでいいのかどうか、わたくしには解らないが単なる唯物論ではないということははっきりしているが、生命の質料的なものであると考えたという点では、やはり〈唯物論的〉であるということはできるであろう。

そうして近代の唯物論者たちもこの路線の上にあると言うことができるであろう。

エンゲルスの定義によれば、「生命とは蛋白体の存在様式であり、そしてこの存在様式は本質的にこれら蛋白体の化学的構成分のたえまない自己更新にある」という。(18)

この蛋白体は物質の発展過程の一定の段階に発生した物質形態である。

その後その構造や性質についてはさらに生物化学の研究が進んだが、この古典的な定義は今日なお意義をもっているという。そうしてこういう把握のしかたはアリストテレスの路線の上にあり、ただより精密化されたものであると言えよう。

アリストテレスの生命観に比較的に近いものを古代インドに求めるならば、それはヴァイシェーシカ哲学の生命観であると言えよう。この学派の哲学によると、生命(jīvana)はアートマン(いわば霊魂)の一種のはたらきであり、アートマンにのみ属するものである。〔ここでjīvanaというのは、前掲のjīvitaと同じことであるが、学派により、また場合により、名称を多少異にする。」

ところでこの学派では、身体とは別にアートマンが存在するということを主張して次のように言う。

『呼気、吸気、目を閉じること、目を開くこと、生命、意の運動（一つの器官に刺激を受けること）、他の器官に変化の起きること（例えば、おいしい物を眼に見ると、舌に唾液の分泌がふえて来る）、快感、不快感、意欲、嫌悪、意志的努力のあることが、アートマンの存在することを証明する証因である。(19)』

ヴァイシェーシカ説によると、認識統覚機能、快感、不快感、意欲、嫌悪、意志的努力はアートマンのもっている性質または属性（グナ）である身体や感官は物質的なものであるという。ではアートマンのもっている性質と生命との関係をどう解釈していたかはっきりしない点があるが、アートマンのはたらきと解していたのであろう。

ところでアートマンが生命をもって活動するのは何にもとづくのか？　アートマンだって、人が死ぬときには休止するではないか？　人は何故生きているのか？　――この疑問に対してチャンドラーナンダは、それは〈不可見力〉という、目に見えない不思議な力のつくり出すはたらきであると説明している。(20)

機械論の立場では、生命を化学的に分析する余地が無くなり、また生命が進化する事実を説明し得なくなる。さらに生命のもとづくもとのものである物質そのものが発展するという事実を説明し得ない。これは東西を通じて古代の機械論的生命観の理論的難点であるのみならず、近代のそれについても言い得ることであろう。

アリストテレスは〈霊魂は可能的に生命をもつ自然的物体の第一の現実態である〉と主張したが、ヴァイシェーシカ学派のプラシャスタパーダは〈精神性は可能的に生命をもつ自然的物体（身体）を生かす原理である〉と考えていた。アートマン（いわば霊魂）の存在を論証してプラシャスタパーダは次のように主張する、――

『アートマンは微細であるが故に、直接に知覚されないものであるから、音声などの知覚によってその存在が推知される聴覚などの感官によってアートマンの存在を理解することがなされる。世間の実例を見るに、斧などの道具は能作者（行動主体）によって用いられる事実が認められるから、それと同様に諸々の器官の能作者によって用いられる事実が認められるから、また一般に承認されていることにより、音声などに関しても活動の主体（すなわち認識主体 jñātṛ）の存することが推論によって知られる。』

このように説き起こして、身体だけでは生命現象は起こり得ないということを主張する、――『身体と器官と意とには活動の主体たる性質は存しない。何となれば、それらは非精神的なものであるから。まず身体には精神性は存在しない。何となれば身体は、例えば瓶などのごとく、元素によって作り出された結果なのであるから。そうした死んだ身体には精神性は存し得ないから。』すなわち〈生きている〉ということは、身体に精神性が加わっていることなのである。つづけて、プラシャスタパーダは、アートマンの存在を想定せざるを得ないということを、残余法を用いて論証する。

『また、諸々の器官にも精神性は存在しない。何となれば、それらは認識のための道具なのであるから。……

また意（manas）にも精神性は存在しない。……

それ故に残余法によって、精神性はアートマンのつくり出す働きであるから、それ故にアートマンの存在することが理解される。(21)』

ところで身体に精神性の現われることが何故に〈生きている〉という現象を成立せしめるのであるか、その事情あるいは構造をプラシャスタパーダは説明していない。この難点は、またアリストテレスも共有するものであろう。

哲学史上におけるこのような生命原理を立てる思想に対しては、次のように批判を述べることができるであろう。

生命は身体に相即している。しかし精神性は必ずしも身体につねに相即してはいない。人間が人間として生きるためには、生命と相即している身体において精神または心がはたらいているのでなくてはならない。心のみの人間存在というものは考えられない。また身体プラス生命というだけでは、それは人間存在と呼ぶことはできない。

ところで、その心なるものは、身体と対立するものではない。心は実体をもっていない。身体は空間を占有しているし、その点で或る意味での実体をもっている、と言えるであろう。しかし心の占有する空間的分量を規定することはできない。

そうして身体は、それ自身いかに大切なものであろうとも、心にとっては道具としての意味をもっている。だから身体の一部分がそこなわれたときには、そこに人工的な道具をあてはめることによって、間に合わせることができる。

そこで言えることは、次の道理である。

——心も身体も異なった存在意義をもっているものではあるが、勝義における実体としての意義をもっていない。それぞれ特殊な存在意義において、それぞれが理解するべきである。

生命の一つのありかたとしての〈病〉は、身体に即したものでもなく、また心に即したものでもない、という陳述が『維摩経』のなかになされている。この経典によると、文殊菩薩（詳しくは文殊師利《もんじゅしり》 Mañjuśrī）が、世俗の資産家（居士《こじ》）である維摩《ゆいま》（詳しくは維摩詰《ゆいまきつ》 Vimalakīrti）に質問を発し、後者が前者に答えるという筋書きになっている。

『文殊師利言わく、居士が疾《や》むところは、何の相をなすやと。維摩詰いわく、我が病は形なし、見るべからず。また問う、この病は身と合するや、心と合するや。答えていわく、身と合するに非らず。身相離るる故に。また心と合するに非らず。心は幻のごときものなるが故に。(22)』

この対談は、身体と心とが対立する原理であるということを認めて、病はそのどちらの相でもないという。ただしこれは、生命を身体の形相とみなすアリストテレスのような見解、あるいは生命現象をアートマンの活動作用とみなすヴァイシェーシカ哲学のような見解に正面からぶつかっているのではなくて、〈いかなるものも空である〉という一般的な論理をたまたま〈身体〉と〈心〉という二つの概念に適用しただけにすぎないのであろう。

ただしこの説明は自己暗示としては今日なお生きている。日本の若干の新興宗教はこの文句にもとづいて病気治療を行なっている。(クリスチャン・サイエンスの場合も似ている。)

生命の奥に形而上学的実体を想定すると、その形而上学的実体がいかなるものであるかということを万人に首肯させることは困難である。何となればわれわれの知覚の領域を超えてしまうからである。

また他方われわれの知覚の範囲だけに限定して、物質から生命が起こると断定するにしても、物質を放置しておいては生命は出て来ない。

そこで第三の道として形而上学的実体を想定するのではないが、生命現象を成立させるための根拠として生命原理を想定する試みがなされた。その生命原理はアートマンや霊魂ではなくて、それらとは異なる別の原理なのである。

仏教では、生命の原理をとくに独立に想定するようになった。そこで仏教の哲学体系では〈生命原理〉を意味する言葉として「命根《みょうこん》」(jivitendriya)というものを考えるようになった。生命の力をもっている原理を命根と呼ぶ。仏教の複雑な哲学体系では、これを独立の原理としてとり上げて論じている。〈生命原理〉は物質的なものでもない、そうかといって純精神的な原理でもない、そのどちらでもない、と規定されている。

その原理は、人がこの世に生をうけてから死にいたるまでのあいだ持続し、体温(煖《なん》 uṣṇa)と意識(識 vijñāna)とを維持するものである。

こういう見解は、個人存在の無常、苦という思想と結びついて、すでに原始仏教聖典のうちに説かれている。[23]

『色かたち(人間の物質面)は泡沫のごとくである。
感受作用は水泡のごとくである。
表象作用はかげろうのごとくである。

形成作用は芭蕉のごとくである。
識別作用は幻のごとくである、と
日のみ子（釈尊）は説きたまうた。（一）
瞑想するのに応じて正しく考察するならば、それ（万物）を正しく観ずる人にとっては（万
物は）実体なく（rittaka）、空虚（tucchaka）である。（二）
この身[24]に関して（かくのごとく）知慧豊かな人は説きたまう。
三つのものを離れたならば、
色かたち（物質的側面）は棄てられたのだと観ぜよ。（三）
その三つとは、寿命と体温と識別作用とである。
もしもこの三つがこの身体を離れたならば、
身体はうちすてられて横たわり、
精神のないものとして、他者の食物となる。（四）』

この見解は、説一切有部という学派に継承された。この学派は、寿命と体温と識別作用（認識作用）がそれぞれ独立の実体的な原理であると考えた。〔ただしサウトラーンティカ派という学派は、それらが独立の実体的な原理であるという見解を否認した。〕そうして、生命（寿）は体温（煖）と意識（識）を維持し、また体温と意識とはまた生命を維持して、両者は相互依存の関

係にあり、死にのぞんでは、生命と体温と意識とが肉体から去ると考えていた。この生命、または生命原理は、他の諸々の実体とは異なった一つの別の実体（dravyāntara）として存在すると考えていた。そうしてその生命という実体が去ると、人は精神作用をも失って死んでしまう。

ヴァスバンドゥの教義綱要書(25)には生命の問題を次のように論じている。

『生命（jīvita）とは何であるか？

「生命とは寿命（āyus）である」（Ⅱ，45, a）

何となれば、アビダルマのうちには次のように説かれている。――「生命原理（jīvitendriya 命根）とは何であるか？三界に存する寿命（āyus）である」と。

〔反論していわく、――〕これだけでは理解できない。ここで「寿命」というのは、いかなるダルマであるのか？

答えていわく、

「それは体温（uṣṇa）と意識（vijñāna）との依りどころ（ādhāra）なのである。」（Ⅱ，45, b）

尊師は次のように説かれた。――「寿命と体温と意識作用とが身体を捨てるときに捨てられた（この身体は）、精神無くして（acetana）、木片のようによこたわる」と。

それ故に体温と意識作用との依りどころたるものであり、（人間の）存続の原因であるものが寿命である。

〔問うていわく、〕それでは寿命の依りどころとなっているものは何であるか？

〔答えていわく、〕体温と識別作用との両者が、〔依りどころとなっているのである。〕

〔サウトラーンティカ派の論難〕――そうだとすると、これらは互いに依存して存在するのであるから、これらのうち、どれが先に滅するのであろうか？　またその力などにもとづいてどの二つが滅することになるのであろうか？　（どれかが先に滅するということが無いならば）それらのものは永久に消滅することはないことになってしまう。

〔有部《うぶ》（説一切有部《せついっさいうぶ》の略）答えていわく、――〕それでは（各人の）業（karman）が寿命の依りどころであるとしよう。何となれば（過去の）業の引く限り、その間は寿命が存続しているのであるから。

〔サウトラーンティカ派の論難――〕それでは、業こそ体温と識別作用との依りどころであるということを、どうして承認しないのか？（何もことさらに生命原理というものを想定しなくてもよいはずである。）

〔有部が答えていわく――〕識別作用なるものはすべて、（人が）死ぬときに至るまで（過去の業の）報いであるということは有り得ない。（それは善悪の業とは無関係のものである。）

〔サウトラーンティカ派いわく――〕そうだとするならば、業が体温の依りどころたるものであり、そうして体温が識別作用の依りどころであるとしよう。（そうだとすると、実体としての生命原理を想定する必要はなくなってしまう。)

〔有部の反論――〕そうだとして(難点を切り抜けようとしても)、無色界(物質の無い領域)のうちにある識別作用(つまり精神)は依りどころが無いことになってしまうであろう。何となれば(無色界には物質的なものが無いから)体温が存在しないからである。

〔サウトラーンティカ派の切り抜け――〕それでは(無色界では)業が識別作用の依りどころとなるのであろう。

〔有部の論難〕或る場合には体温が識別作用の依りどころであろうと言い、また或る場合には業が識別作用の依りどころであるという恣意的な議論は為すべきではない。この点に関しては、すでに説いておいた。

〔サウトラーンティカ派いわく――〕何が説かれたのであるか?

〔有部いわく、――〕すでに「識別作用なるものはすべて、(人が)死ぬときに至るまで(過去の業の)報いであるということは有り得ない」と説いておいた。

それ故に両者(体温と識別作用と)の依りどころたるものとして寿命(āyus)が存在するにちがいない。

〔サウトラーンティカ派いわく、――〕われわれは「寿命(生命原理)というものが存在しない」と主張するのではない。そうではなくて、〈生命原理〉という別の実体(dravya)が存在しない、ということをわれわれは説くのである。

〔有部の反論――〕それでは(生命原理とは)何であるのか?

〔サウトラーンティカ派いわく――〕三界に存する〈生物の部類としての型〉(衆同分。例えば人間として)存続する時間にわたる連続的潜勢力がある。すなわち、過去の業によって〈生命の部類としての型〉の連続的潜勢力がつくり出される。――これこれの時間のあいだ存続すべきである、と。その時間のあいだ、その人が存在しているとする。その連続的潜勢力(26)(āvedha)が生命(āyus)と呼ばれる。あたかも、穀物を熱させる時間にわたる(発育のための)潜勢力のようなものである。あるいは、放った矢が飛んで行くのをつづける潜勢力のようなものである。

〔ヴァイシェーシカ派の説〕或る人(ヴァイシェーシカ学徒)は考える。潜勢力(saṃskāra)という或る特殊な性質(guṇa)が矢の中に生じる。その性質によって、矢は、落下するときに至るまで、進んで行くのである。

〔ヴァスバンドゥの論難〕――その潜勢力という性質は、唯一つだけあるものであるから、また他の地域に達するのに、異なった速さの度合によって達する時間も異なるということは有り得ない。また(矢の)落ちる時間の異なるということも有り得ない。

〔ヴァイシェーシカ派いわく――〕風に礙げられるから、進行が制限されるのである。

〔ヴァスバンドゥ答えていわく――〕(風に礙げられたときに、)矢は先に落ちてしまうことになる。あるいはまた矢は決して落ちないということになってしまう。何となれば、（矢の進行を礙げる）風であるという点では、（いずれにしても）異ならないから、このように〔説一切有部の人人は〕別の実体（dravya）としての生命（āyus）が存在する、と説いている。』

論争は以上で終っている。生命原理（jīvitendriya 命根）を認めるという態度はそののち唯識哲学にも継承されている。しかし仏教では現実に生きている人の〈いのち〉を大切にすることは大いに強調したけれども、生命原理（命根）に関する論議はさほど発達させなかった。

このように生命原理を立てて説明するということは、仏教でも教義学者たちの間だけで為された試みであり、仏教に最初からあった思想でもなく、また仏教にとって本質的なものでもない。

ヴァイシェーシカ派は多数の実体を認めたにもかかわらず、生命を実体としては認めず、単に自然世界に存する多くの潜勢力の一種としか認めなかった。この点でヴァイシェーシカ哲学の生命観は徹底的に機械論的であったと言えよう。

生命原理についての論説は一様でないが、われわれはそれを盲目的な〈衝動力〉と呼ぶことはできるかと思う。ショーペンハウアーはこれを「意志」と呼んだが、日本語で「意志」というときには、何ごとかの目標を立て、行動主体がそれに向って行動する意欲をいい、人間の思考作用とも密接にからみ合っている。ドイツ語の das Wollen や der Wille はもっと意味内容の単純な語かもしれないが、日本語で「意志」というときには、それが明治以後に人工的につくられる語であるために、複雑な意味内容をもっている。ドイツ語におけるこれらの語が民族の最初から、民族とともにある自然な語であるのに対して、「意志」というのは学者が強いて人為的につくり出した語であるから、そのあいだに大きなズレがある。われわれとしては、ただわれわれの存在の奥にある説明のつかない、衝動的な力と言わざるを得ないであろう。

(1) 山本光雄訳編『初期ギリシア哲学者断片集』(岩波書店、一九五八年、七六ページ)
(2) Paul Deussen: *Elmente der Metaphysik*, S. xii.
(3)『霊魂論』四一二a、(『アリストテレス全集』6、岩波書店、三八―三九ページ)
(4) 同、四一二ab(同、三九―四〇ページ)
(5) 同、四一三ab(同、四二―四三ページ)
(6) 同、第三章四一四ab(同、四六―四七ページ)
(7) 同、四一五b(同、五一ページ)
(8) 同、四〇七b。
(9) B・ラッセル著・市井三郎訳『西洋哲学史』上、(みすず書房)一七五ページ。
(10) 同、一七六ページ。
(11)『霊魂論』415a.(『アリストテレス全集』6、四八ページ)
(12) 同、432b.(同、一一一ページ)

(13)（A）（B）（i）（ii）という区分は、アリストテレスの原文には無いが、内容を理解し易くするために、仮に付しておいた。
(14)『ニコマコス倫理学』1102 ab.(『アリストテレス全集』13、二一五―二三八ページ)
(15)同、1177 b. 20 f.（同、三四三―三四四ページ）
(16)『アリストテレス全集』13（『ニコマコス倫理学』）四四二ページ、註(7)。
(17)ラッセル、前掲書、一七六―一七七ページ。
(18)『反デューリング論』第八章（粟田賢三・古在由重編『岩波哲学小辞典』、一九七九年、一三〇ページ）
(19)*Vaiśesika-sūtra* III, 2, 4. なお *Praśastapādabhāṣya*〔44〕, pp. 69―70 ; Śabarasvāmin ad I, 1, 5 に引かれた Vṛttikāra の説参照。
(20)Jīvanam, adṛṣṭakāryatvāt (Candrānanda's *Vṛtti* ad III, 2, 4)
(21)*Rraśastapādabhāṣya*, section 9 (ātman), p. 69.
(22)『維摩詰所説経』巻中（大正蔵、一四巻五四四ページ下）
(23)*Saṃyutta-Nikāya* XXII, 95, vol. III, pp. 140―143.『雑阿含経』第十巻（大正蔵、二巻六八ページ中―六九ページ中)、『五陰譬喩経』（大正蔵、二巻五〇一ページ上)、『水沫所漂経』（大正蔵、二巻五〇一ページ下)
(24)ここで「身」というのは、身体的側面と精神作用とを含めた個人存在のことをいうのであろう。
(25)*Abhidharmakośa*, p. 73, *l*. 13 f.
(26)āvedha とは弓の弦から放たれた矢の力、あるいは植物の芽の成長力に見られるような〈連続的潜勢力〉をいう。"continuing force„ (F. Edgerton : *Buddhist Hybrid Sanskrit Dictionary*, p. 109)

生命の起源

生命の起源については、原因があって生命が発生したという説と、原因が無いのに生命が発生したと主張する説とに大別し得るであろう。

西洋でよく言われる説、すなわち太初に神によって出現したという創造説はこれに属する。これは全く神話的であるが、今日なお宗教と結びついて奉ぜられている。

西アジアや西洋の諸宗教は世界創造を一回起的なものと考える。神によって唯一回だけ世界創造がなされたと考える。

ところがインド思想は（仏教をも含めて）世界創造は幾度でも無限に繰り返されると考える。そこで前の宇宙期に衆生のつくった業が宇宙破壊期には凍結されたように潜んでいて、宇宙創造のときに衆生を、過去の業に応じたすがたで造り出すという。

泥や埃や腐敗物からわき出したという自然発生説はそれに属する。
しかしこの説は、今日では実験によって反駁されている。

親がいないのに生物が自然に発生する「自然発生」(generatio aequivoca, upapāduka, opapātika)または「偶然発生」の説は、現実に経験する〈発生〉の個々の場合を説明するためには採用されていない。しかし何十億年前か解らないが、遠い昔に生物が発生した経過を説明するためには、自然発生の観念を採用せざるを得ない。インドのヴァイシェーシカ学派によると、宇宙の成立ののちに生物が発生したときの原因をつきとめることはできないが、しかし原因はあったにちがいない。その原因はいまわれわれが経験したり視覚化することのできないものであるから、かれらはその原因を不可見力(adṛṣṭa)と呼んだ。

仏教やジャイナ教は湿気からの生物の自然発生を認め、それを〈湿生《しっしょう》〉と呼んでいる。

仏教では生き物の生まれ方を四つに分類して、それを四生《ししょう》という。

1、胎生《たいしょう》。母胎から生まれることで、人間や獣はこれに属する。
2、卵生。卵から生まれることで、鳥はこれに属する。
3、湿生。湿気のあるところから生まれることで、虫などがこれに属する。
4、化生《けしょう》。過去からの業の力によって生まれること。天人や地獄の衆生や中有《ちゅうう》(次の世に生まれ変るまでの存在）などはこれに属する。

だから仏教は、原因が有って生物の生まれる場合と、原因が無くても生物の生まれる場合と両方を認めていたのである。

今日一般に採用されている説によると、太古の地球上において原始生命が自然的に発生し、後代の全生物はそれの進化によって生じたという。それを最初に明言したのはヘッケルであるといわれているが、今日の科学は多かれ少なかれその路線の上を進んでいるといわれる。

こういう見解は仏典にも現われている。

仏典によると、前の時期の宇宙が破壊されたときには一面の水となった。日月星辰も無く、昼夜もなく年月も無く、歳を数えることも無かった。ただ大きな暗黒（大冥）が支配していた。そののちこの水が変じて大地となったという。ところでインド人は輪廻を信じていたから、前の宇宙期の衆生たちは、宇宙が破壊されていた時期の間は〈光音天〉というところに生まれて住んでいた。この宇宙が出来上りかけたころに、この世界にもどって来たのだという。[1]

ともかく地球の上にある生命はすべて形態上でも、また構成物質の上でも、本質的に同一の基本様式から成り立っている。その事実から考えると、おそらく地球上での生命の起源はただ一つであり、あらゆる生物はここから進化したものであると考えられる。

以上の諸々の生命観において全然見逃されていたわけではないが、従前の諸哲学者によって軽く扱われていたと思われる点が二つある。

第一に、生命をもっている個体はそれ自体だけでは存続し得ない、ということである。単細胞は分裂によって増殖するわけであるが、その場合にも、水分、温度、光線そのほか無数の条件に助けられている。もしも一つの条件が狂うと、細胞の増殖も停止するし、また個体としての一つの植物や、動物も死滅する。たとい死滅しないまでも、一つの条件の変化が、当該生物に重大な影響を及ぼす。

いわんや高等の生物になると、増殖のためには異性の細胞との合体を必要とする。生物がそれ自身では永久に存続することができず、他のものを必要とするということは、自明の理である。だからこの場合には生物が他の生物を必要とし、その関係は無限にひろがる。切り離された個の生命は有り得ないのである。

こういう点を考えると、風土学とかエコロジーとかいうものが、今後の生命論に大きな意味をもって来る。それと同時に、生命の問題は、風土学とかエコロジーだけでは尽くされないものがある。

そうして以上の考察から、〈生命〉とは個々の細胞とか個体としての生物だけの問題ではなくて、世界全体、いな宇宙全体の問題として取り上げねばならないことになる。

第二の問題点は、第一の問題点と関係のあることであるが、生命は他の生命を費消することによって生存しているという苛酷な現実である。植物、動物さらに高等動物である獣までは、何の反省もなしに、他の生命を費消しているであろう。ところが人間にはそれについての反省が起こった。『生きものは生きものを食う。』そのままでよいのか？

人類が出現してから何千万年もそのまま打ちすてられていたこの問題について、いつごろから反省が起こったのか知らないが、少なくとも東西に都市国家が成立したころには、すでにその問題の反省が起こっていた。それは〈生命の愛惜〉の問題につらなる。

その萌芽は東西でほぼ同時に現われたが発達の程度はかなり異なっていた。〈生きものを殺すなかれ〉という思想は、南アジアと東アジアでは早くからかなりひろがったが、西アジアおよびヨーロッパでは近世になって漸く徐々に現われつつある。

右の二つの問題を以下の二つの章において、別々に扱うことにしよう。

さらに特殊な生命原理だけが「いのち」なのではなくて、「いのち」をもっとひろげて解釈して、実はわれわれの生存している世界全体が「いのち」なのではないか、という見解が成立する。世界の根抵が生命であるという思想は、すでにインドの古ウパニシャッドのうちに表明されて

いる。(2)

もしも世界の根柢が生命であるということになると、その生命にもとづいて成立している現象世界もまた生命であるという結論に達する。

たとえば日本的な禅を確立した道元禅師は説いた、——われわれが生まれて死ぬ、この移り変わる生死、生まれ死ぬ姿、それが、「仏の御命」である。不死の世界というものが何かわれわれに対立した別のものと考えるのは、迷いである。そうではなくて、われわれが、生まれ死ぬ生活を毎日、繰り返しているが、それが仏の御命である。世の人々はそれに気がつかないだけである。ほんとうの実在はどこにあるか。これは道元によると、有＝時である。ほんとうの実在は時である。われわれは一刻一刻時間の制約をうけて暮らしているが、このなかに絶対のものがある。それを道元は、『正法眼蔵』のなかで詳しく説いている。

道元によれば、修行を実践して、さとりを開き、ニルヴァーナに入るというのも、これらの出来事がすべて「有」であり、「時」であり、あらゆる「時」はすべて「有」であるということを確知することにほかならない。

ここにはハイデガーの『有と時間』(Sein und Zeit)の思想の先駆が見られるとして、田辺元などの哲学者は狂喜して、かれは、ここに日本における哲学的思索の先駆者を見出したと叫んだ。しかし道元とハイデガーとでは思想史的な発展段階を異にしているので、わたくしはむしろ〈中世的思惟〉という枠組みの中では、ドイツの異端的な神秘家アンゲルス・シレシウス（Angelus Silesius 一六二四―一六七七年）を対比させたい。

「時間なしに時間を受けとり、煩いなしに煩い、
その人にとって昨日は今日のごとくであり、今日は明日と同じになり、
あらゆる事物をひとしく尊ぶ人は、
すでに時間の中に入る。
親しい永遠性の、欲するがままの状態の中に入るのである。[3]」
「永遠は時間であり、時間は永遠である。――われわれが両者を別のものとするのでないならば。[4]」

うつろい行く世俗の時間のうちにおいてさえも永遠性の経験を達成し得るということは、また民族の差を超え、時代の差を超えて真実であろう。

世人の普通の見解によると、生物のうちの一部である動物の或るものどもが、精神をもち、苦しみ悩み、欲望をもって行動するのであるが、仏教の若干の学派によると、植物や無生物といえども高次の意味の精神をもっている、と考えた。

日本の天台学は決してシナのそれと同一ではない。日本の中古天台の学者のつくり上げた教学体系は、大陸の仏教の術語を用いながらも、著しく異なった独自のものである。それは「本覚法

門」と呼ばれるものであるが、現象界の諸相がそのまま仏それ自身にほかならぬと主張するのである。「本覚」ということばは、インドでつくられた『大乗起信論』（漢訳）のなかにあるが、それは現象界の諸相を超えたところに存する究極のさとりの意味であったが、いまや日本ではそれが現象世界のうちに引きずり下ろされた。こういうわけで、日本天台の特徴は「理」よりも「事」を重視した点にあるが、それはこのような思惟方法にもとづくのである。

また右と同じような路線において、道元にあっては、生死輪廻の流転のすがたがすなわち絶対の境地にほかならない。現象世界の無常なるすがたが、そのまま絶対的意義を有するのである。『無常者仏性也。……草木叢林の無常なる、すなわち仏性なり、人物身心の無常なる、これ仏性なり、国土山河の無常なる、これ仏性なるによってなり。[5]』『生死は、すなわち仏の御いのちなり。[6]』といい、『この山河大地みな仏性海なり。[7]』と教えている。

万物に命がある。

「峰の色、谷の響きもみなながら、
　我が釈迦牟尼の声と姿と」　道元

草木にまでも精神性を認めるという思想は、インド仏教にもすでにあらわれている。[8]のみならずインドの哲学諸学派がこのような見解を採用している。[9]

近代自然科学の成立とともに無機物と有機物、無機的自然界と有機的自然界との区別が立てられるようになったが、ショーペンハウアーは無機的な自然のうちにも、つまり石や水のようなもののうちにも「意志」(der Wille) の衝動を認め、それは「生命」をめざすものであると解する。『意志は、純粋にそれ自体として見れば、認識を欠いていて、盲目的で、抑制不可能な単なる衝動にすぎない。』このような衝動が石や水のなかにも現われるのである。『その意志が意欲しているものは、つねに生命であって、生命とはまさしく表象に対するこの意欲の表現以外のなにものでもない。(10)』

ただしかれにあっては、このような形而上学的原理の低次の顕現が無機的自然なのではなくて、無機的自然は、〈意志〉が自己を投影・顕現するための必要な条件であると考えていたようである。

『意志は物自体である。世界の内なる実質であり、世界のなかの本質的なものである。しかるに生、可視的世界、現象界はこの意志を映す鏡にすぎないのであるから、物体に影がつきまとうごとく、意志とは切っても切れない関係にあり、生、可視的世界、現象界は意志につきまとっている。意志の存するところ、そこにはまた生命があり世界があるゆえんである。』

そこから次の結論が出て来る。生命が基本的な原理であり、個体は単に一時的な個別化の現象にすぎないのである。

『だから生きんとする意志にとっては生命ほど確かなものはなく、われわれが生きんとする意志に満たされている限りは、たとえ死を目のあたり見るにしてもわれわれの生存に不安を覚える必要はないだろう。なるほど個体は生じもし滅しもしよう。しかし個体は現象にすぎないのだ。個体はただ、「個体化の原理」(principium individuationis) である根拠の原理にとらわれている認識に対してしか存在しないのだといってもいい。[11]』

そこから出て来る結論は、真実の領域から見ると、すなわち勝義においては、〈生〉も〈死〉も有り得ないということである。

『であれば、いっさいの現象の奥にある物自体であるこの意志も、またいっさいの現象の奥にある傍観者である認識主観も、誕生とか死とかにわずらわされるものではないことが知られよう。』

ここで述べられている立論は、『カータカ・ウパニシャッド』や『バガヴァッド・ギーター』の立論を思わせる。

しかしここに述べられている〈意志〉とか〈生命〉とよばれるものは、インド哲学におけるアートマンのような純粋無垢なものではなくて、むしろ仏教哲学で説く〈渇に譬えられる妄執〉(愛渇 taṇhā, tṛṣṇā) のようなものを考えていたのであり、それが生まれかわる主体となる、とショーペンハウアーは主張するのである。

『誕生とか死とかはまさしく意志の現象に属しているのであり、いうなれば生命に属しているのである。生命にとって本質的なことは、さまざまな個体のかたちでみずからを表現することであって、それらの個体は時間という形式のうちに現われ出てくる生命の束の間の現象として、生じては滅していくのであるが、生命それ自身はいかなる時間をも知らない。ただ生命がまさに今いったような仕方で自分を表現しなければならないのは、生命が自分の本来の本質を客観化するためなのである。誕生と死とは同じような仕方で生命に属しているのであり、両者は互いに制約し合って平衡を保っている。あるいは、もしそんな言い方を好むとすれば、両者は、全生命現象の二つの極をなして平衡を保っているといってよいのである。』

ちょうどこれに対応する見解は、ショーペンハウアーよりも少し前に、日本の伊藤仁斎の思想にも認められる。

伊藤仁斎はシナ儒学を批判し、それを変容している。仁斎は、天地を一大活動作用の展開とみなし、ただ発展あるのみと考えて、死なるものを否定した。

『易に曰く「天地之大徳曰レ生」と言ふこころは、生々して已まざるは、即ち天地の道なり、故に天地の道は生ありて死なく、聚ありて散なし。死は即ち生の終り、散は即ち聚の尽くるなり。天地の道、生に一なるが故なり。父祖身没すと雖も、しかも其精神は之れを子孫に伝え、子孫又之れを其の子孫に伝へ、生々断えず無窮に至るときは、之れを死せずと謂って可なり。(12)』

かれによると、現実の世界は、活動作用そのものであり、活動していることが善なのである。

『凡そ天地の間は皆一理のみ、動ありて静なく、善ありて悪なし。蓋し静とは、動の止、悪とは善の変、善とは生の類、悪とは死の類、両者相対して竝び生ずるにあらず、皆生に一なるが故なり。(13)』

ただしショーペンハウアーやドイセンの思想がインドのヴェーダーンタ哲学を受けて、意志否定的であって意志の漸次的な消失を説いたのに対して、伊藤仁斎は生死を肯定する立場に立っている。

では、われわれはどちらの見解を是とすべきであるか？

生きている者は死ぬ。死なない者に生命は無い。

そしてわれわれが生きている限り、意志を否定するということは不可能である。こどもは遊戯を楽しみ、青年は恋愛やスポーツに夢中になり、老人は盆栽や謡曲を楽しむといっても、それは意志の発現のしかたが異なるのであり、意欲それ自体は依然として存続している。

ただわれわれの為し得ることは、意志の発現が、他の生存者と相克し争いをかもすようなしかたでなされるか、あるいは他の生存者との対立・争闘をなくする方向にむかってなされるかである。

われわれは自分が意欲することなしに生まれて来たし、またいつかは死なねばならない。この運命は定まっている。われわれが選択し得ることは、他の生存者との共同・不二一体を実現する方向に行動するか、他の生存者を害なう方向に向って行動するか、である。

そこで〈生命〉に関する反省は、生命現象の微細な検討は自然科学者に任せておいて、他の生存者に対してどのように行動すべきであるか、ということである。そこでわれわれはどうしても〈生命の愛情〉の問題に入って行かねばならぬのである。それはのちに検討することにしよう。

さて、もしも動物でないものでも精神をもっているのであるとすると、草木のような植物も、救われることが可能であるということになる。草木でさえも宗教性の主体となり得るというのである。

シナには樹木に神が宿るという信仰はあったようであるが、とくに中世の日本においては、草木にも精神があり、さとりを開いて救われることもできるという思想が一般に行なわれていた。すなわち、「非情」(=精神をもたない自然界の物体)も成仏するという思想は、天台の諸法実相の観念にもとづいて成立したものであるが、日本においては、とくに強調された。日本天台においては重要な研究課題であり、(14) 日蓮宗にも継承され、(15) 日蓮は、『法華経』が草木成仏をも説いているということのうちに、『法華経』の優越性を認めようとしている。(16) 日本の仏書においてはしばしば、

『一仏が成道して　法界を観見せば

草木国土は　悉く皆な成仏す』

という詩句が引用されている。

この詩句は『中陰経』[17]という経典に出ているというが、この経典にはこの文句は存在しない。日本人がつくり出したものなのである。インドやシナでは説かなかった。美しい日本の自然と風土とがこのような思想を成立させたのであろう。

このような見解は謡曲のうちにしばしばあらわれ[18]、当時の社会的・宗教的通念となっていた。『かかる貴き上人の御法の声は、草木までも、成仏の縁ある結縁なり。……衆生称念必得往生の功力に引かれて草木までも仏果に至る。……朽木の柳の精、御法の教なかりせば、非情無心の草木の、台に到る事あらじ。』（『遊行柳』）。謡曲の『胡蝶』は法華妙典の功力によって虫の成仏することをいい、『杜若』『西行桜』『藤』『芭蕉』は草木成仏をいい、『殺生石』はもともと仏たりうる性質はあるのであるが、衣鉢を授けることによって石を成仏せしめるのである。近世になっても浄瑠璃『三十三間堂棟由来』においては、浄土真宗の信仰に関連せしめて、柳の木が成仏するということを主題としている。『末世に栄える本願寺、あみだの血脈退転なく、後五百年の末法有縁、草木国土皆成仏。』

日本の中古天台の口伝法門においては、草木成仏の思想をさらに一歩進めて「草木不成仏」を説くにいたった。その説によると、ありとあらゆるものが、いかなる修証（修行やさとり）をも借りることなく、そのまま仏である。草木のみならず山河大地一切がそのまま本有本覚（本来存するさとり）の如来なのであり、仏という別のものになるのではない。だから不成仏なのである。[19]

ここにおいては日本人のあいだに顕著な現実肯定の思想が行きつくところまで行きついたということができるであろう。

〈国土の成仏〉という思想は日本で特に現われたものであるらしい。インドの多くの哲学思想によると、生きとし生けるものは明知（vidyā）によって解脱しうるのであって、草木が草木のままで成仏するという思想は説かれていないようである。

〈万物が魂を有する〉という思想は、唯物論者デモクリトスもいだいていた。『デモクリトスは凡てのものが或る性質の魂を持っている、また身体の屍も、それは明かにいつも温さと知覚能力とを、たといその大部分は蒸発するけれども、なおいくらか持っているゆえ、そうだ、と主張する。[20]』

この議論は、魂が特殊な球形の原子であったと主張したとつたえられるデモクリトスの他の断片に見られる思想と矛盾する。どちらがかれの真意であったかは哲学史家に任せることにして、ただこういう思想がギリシアにも登場したということを指摘しておきたい。

西アジアにも宇宙的救済（cosmic salvation）の思想が、イスラエルには現われていたが、しかし救われるのは『諸民、諸族、諸国語の者[21]』なのであって、草木や国土までが救われるということとは説かなかった。パウロは、人間のみならず万物・自然が救われることを信じていたといわれる。

『被造物（hē ktisis）は、実に、切なる思いで神の子たちの出現を待ち望んでいる。なぜなら、被造物が虚無に服したのは、自分の意志によるのではなく、服従させたかたによるのであり、かつ、被造物自身にも、滅びのなわめから解放されて、神の子たちの栄光の自由に入る望みが残されているからである。(22)』

これについて、さかまく波にもそよふく風にも救いを求める万物の歎声を聞く(23)ということになると、日本天台と変らないことになる。そのように解してよいのであろうか？ ともかくこのような救済思想はキリスト教の教父以後捨てられてしまったようであるが、全然なくなったのではない。

「草木国土悉皆成仏」のキリスト教版は、神秘家・聖ボナヴェントゥラ（一二二一―一二七四年）に見出すことができると言えようか？ かれによると、一切の被造物の創造に当って、神は、程度に深浅の差はあるが、みずからの「像」（imago）を模範的原型とした表現を被造物に与えたまうのだから、一切の被造物の中には何らかの形において聖三位一体の形跡があると主張した。(24)

聖フランチェスコの場合には、神に対する愛のゆえに神の創造したすべてのもの、獣のみならず、火、風、大地のような自然界の諸事象も愛の対象となった。(25)

だから諸文化圏の中世を通じて、日本の場合は独特であったと言い得るであろうが、しかし同様の思想が他の諸文化圏にも散発的に見られるのである。そうして諸文化圏を通じてこのような主張が現われたということは、草木や無生物のようなものでも生命をもっているという主張が、或る限定された意義においては存在理由をもっているということを証するものである。

少なくとも生命というものが、われわれ各個人の生存を含めての大きな世界にもとづいているのであるから、何らかの意味で全世界が生命であるということを、われわれは承認せざるを得ないであろう。――もちろん生命の発現の段階的差異のあることは承認せねばならないであろうが。

そこでわれわれは生命の段階的構造というものを考えなければならぬ。

第一、われわれは、人間として生きているのであるから、人間の生命がわれわれに最も近く、最も直接的・端的である。人間の生命が最も大切なものである。

第二に、人間には動物としての側面があり、栄養摂取・成長・生殖・さらに子孫愛育などという点では、一般の動物と共通の生命現象が見られる。

第三に、さらに広く考えると、動物でなくてしかも生命をもっているもの、具体的には植物、と共通に見られる生命現象がある。自然科学者のいう生命は、ここでとまっている。

しかし諸国を通じて、若干の詩人・哲人の想像したところによると、

第四に、生命がないといわれるもの、具体的には、無機物・鉱物、例えば、岩石や流れる水や、

空気、光線などにも生命の想定された歴史がある。わが国で顕著な「草木国土」という表現は、多分に情緒的で、分析的ではないが、そのうちには、この第四の種類のものを含んでいる。

この第四の種類の、生命のないものに生命を認めるという思想は、恐らく次の三つの立場のうちのいずれか一つの立場を代表している。

（1）実際には生命が無いのに、生命があるように表現するのは譬喩的（figurative）な立場である。〔サンスクリットでは、こういう表現を、譬喩的、第二次的（gauṇa）と称する。〕

（2）万有の根本原理は絶対精神（Geist, cid）であり、それが無機的な自然世界を展開したと考えるのであり、ドイツ観念論の形而上学や不二一元論のヴェーダーンタ哲学は、この類型に属する。

（3）しかし形而上学を立てない哲学体系では、どういうことになるのであろうか。初期の仏教や中観派の哲学、記号論的体系の哲学などである。これらの哲学体系は、無機物の根源には生命があるということは言わないであろう。しかし現実の展開した世界には、生命があるのであるから、それを成立させるための何らかの根源的原理――それは多分に負 negative な、条件的なものであるかもしれないが――はかれらに聞けば、認めるであろう。

しかしこの領域はもはや人間の思考作用を超えているので、万人の承認する結論は得られないであろう。

ともかく、生命の段階的構造を認めるとすると、直接的な生命は、人間の生命である。

このような立場に立つならば、絶対者を人間ないし生きものの〈生きていること〉のうちに見出すべきであり、それを超えた超越的なもののうちに求めてはならぬのである。生命は絶対のものに相即している。

（1）『長阿含経』第六巻（大正蔵、一巻三七ページ中―下）

（2）これについては、Paul Deussen がその著 *Elemente der Metaphysik* の中で述べている諸ウパニシャッドの諸文章についての解釈が検討さるべきであろう。

（3）J. L. Sammors : *Angelus Silesius*, p. 24.

（4）ibid. p. 82. *The Cherubinic Wanderer*, I, 47.

（5）『正法眼蔵』仏性。

（6）同、生死。

（7）同、仏性。

（8）たとえば『捺女者因縁経《なによぎいきいんねんぎょう》』においては、木のこぶから捺女という女児の生まれた物語が述べられている。しかし、これは、仏典においてはむしろ例外的な説話であるともいえよう。

（9）中村『東洋人の思惟方法』第一巻、一五六ページ以下。

（10）『意志と表象としての世界』第一巻（中央公論社、『世界の名著』続10、五〇二ページ）

（11）同、五〇三ページ。

（12）『語孟字義』巻上、三丁。

（13）『童子問』巻中、三十九丁。

（14）草木成仏の問題は『台宗二百題』などにおいて盛んに論議された。

（15）日蓮には『草木成仏口訣』という書もある。

（16）これは『法華経』の思想であると解せられた。『草木国土悉皆成仏の法華経なれば……』（『謡曲』現在七面）。

（17）例えば『謡曲』墨染桜には『中陰経』の文として伝えている。

（18）『謡曲』杜若、半蔀、身延、六浦。なお、西行桜参照。

（19）宇井伯寿『仏教汎論』下巻、三三七ページ。

（20）デモクリトス断片、一七三（山本光雄訳編『初期ギリシア哲学者断片集』、岩波書店、一九五八年、七六ページ）

（21）「ダニエル書」三・二九、七・一四など。また「ヨハネによる黙示録」五・九―一〇参照。

（22）「ローマ人への手紙」八・一九―二一。

（23）波多野精一『基督教の起源』二〇六ページ。

（24）『世界教育宝典』（キリスト教教育編、玉川大学出版部、一九六九年十二月、二八ページ）における印具徹氏の解説。

（25）Constantin Regamey : The Meaning and Significance of Spirituality（Charles A. Moore, ed : *Philosophy and Culture / East and West*〔Honolulu : University of Hawaii Press, 1962〕, p. 330).

生きものは生きものを食う

〈生きる〉ということは、他の生命を〈食う〉ことである。鳥獣にはこの事実についての反省も嫌悪感も無いかもしれない。しかし生きものが生きものを〈食う〉という凄惨な現実、——この事実は、それを反省する人にとっては恐ろしい現実である。それは闘争の問題に結びついている。

この事実についての論議は、西洋ではさほどなされなかった。しかしインドでは非常に古い時代から問題とされて来た。

ブラーフマナ祭儀書のうちには、世界創造に関する多くの神話があるが、若干の箇処[1]では食物(anna)が万有の源泉で実質であると主張されている。神的な本質であるブラフマンが、司祭者である仙人に次のように告げる。——『われ(食物の主)は天則から最初に生まれたものである。神々よりも以前から存する不死の臍(中心で源泉)である。われを他人に授けるならば、そのひとはそれによってわれをそのひとのものとする。われは食物である。われは食物を食し、またその食物を食するもの（飼養者）(2)を食する。』或る場合には月であるソーマが食物と同一視されて(3)いる。これにいくらか対応する表現がイスラエルにも存する。

『どうぞ主が彼《かれ》の地を祝福されるように。
上なる天の賜物と露、
下に横たわる淵の賜物、
日によって産する尊い賜物、
月によって生ずる尊い賜物。(4)』

しかしここでは天地の産するものに感謝しているのであり、生きるために殺し合う凄惨な現実として把握しているのではない。

いのちのある宇宙と被造物とがつくられるための材料となっている神的なものが、ブラーフマナ祭儀書においては〈食物〉であると明言されている。それは物質と力の結合したものと考えられていたわけである。この食物のいのちある液汁があらゆるかたちの生命を構成し形成しているのである。生きものはお互いに食し合うことによって生きている。神的な実質それ自身は絶えることなく生きつづけ、あらゆる生物の生命の連続となっている。前掲の句は(5)、生命の無残なダイナミズムを表現しているわけである。ここではいのちある物質と力の哲学が表明されている。それは心や精神の哲学ではなくて、闘う生命と身体の哲学なのである。(6) それは現実に生きるすがたのダイナミズムなのである。

そのような文句がつくられたのは、当時の村落共同体の農民たちの間で食物が非常に尊ばれたことに由来するのであろう。同時にまたわれわれはここに、生きものが互いに貪り食うものであるという見解が表明されているのを見出す。この点においてヘーラクレイトスの思想との類似が見出される。

『知らなければならないのだ、戦いはすべてにわたって公然と行なわれているのだということを。世の常道(正道)は争いであり、万物の生成は争いによるのであって、この常道をはずれることはないのだということを。(7)』

ヘーラクレイトスの哲学は戦いの讃美である。「戦いは万物の父である」といい、平和を願うのは誤りであり、闘争こそ正義であると考えていた。西洋人がとかく〈闘争〉を強調する傾向があるその源流は、こういうところにも露呈しているようである。

このように闘争を肯定する思想は、インドにもギリシアにもあったのであるが、この場合に何らかの区別を立てようとするならば、古代インド人は現実生活において行なわれているこの原則を、具象的な想像に訴えて表現したのであり、これに対してギリシアのこの思想家は、同じ道理を抽象的な概念で表現した。この相違は両文明それぞれの特徴と無関係ではないようである。

〈生きものは生きものを食う〉という現実に対する反省は、インドで仏教やジャイナ教の出現とともに大いに問題とされるようになった。（他の文化圏ではあまり問題にされなかったようである。したがって思想の平行的発展を扱ったわたくしの『世界思想史』においては、この問題は脱落せざるを得なかった。）

ゴータマ・ブッダ（釈尊）が人生の問題に思いをひそめるに至った動機の一つはこの荷酷な現実についての反省であったという。

『土のうえには青い若草、聖草が鍬に掘りかえされて散乱し、小さな蛆《うじ》虫・昆虫の類の生きものが死んで散らばっているありさまを見つめて、

かれは、あたかも自分の身内の者が殺害されたのを見ているように思って、いたく心を悩ました』(8)

『また農耕に従事している男たちが、風と（きびしい）太陽の光線と塵とによって（その身体の皮膚の）色がやつれ、また牛どもが運搬に疲労し喘いでいるのを注視して、いとやんごとなきこの王子は、いともあわれみ（kṛpā）の心を起こした』(9)

同じ趣旨の反省は叙事詩の中にも述べられている。〔『マハーバーラタ』第一九九章（流布本、二〇八章）〕

『マールカンデーヤ〔仙人〕いわく、――

そのとき有徳の猟師はバラモンに言った、――わたくしの行なうしごと[10]は実に恐ろしいことです。それは疑うべくもない(一)。しかしバラモンよ。(運命の)掟は力強く、かってつくった業は避け難いのです。これは昔つくった罪業の汚れなのです。

バラモンよ、わたくしはこの罪障を滅すことに努めているのです(二)。(しかし)(運命の)掟に定められて、昔の業縁が殺者《ころして》となるのでしょう』。

ここに説かれている「業」は、インド思想一般で問題にするような単なる行為、あるいは行為の影響力としての「業」ではない。われわれが生きるためには、嫌でも悪を犯さねばならぬ人間の性《さが》のなしわざである。浄土真宗で問題にするような根源的な意味をもった業なのである。

かれの仕事は、沙漠の民や西洋人一般にとっては悪業ではない。しかしインド人にとっては、悪であった。そこで反省と議論はさらに展開するのである。

『実にわれらはこの(殺生の)行ないの機会因(nimitta)たるものなのです。(われらは矢のように機会因たるにすぎず、運命の掟が、矢を弓のつるにあてる人のように行動主体なのです[11]。)再生族の最上者(リバラモン)よ。(三)

われらはかれらを殺してその肉を売るのですが、神々と客人と奴僕とがそれを食い、また祖霊を供養するが故に、それらの(肉)を享受しても、法にかなうでありましょう。バラモンよ。

（四）

薬草と茂る草、家畜・野獣・禽鳥は世人の食物として食わるべきものである、とヴェーダ聖典の文句にも伝えられている。（五）

再生族の最上者よ。かってウシーナラの子（Auśīnara）、シビ（Śibi）王[12]は、耐え忍ぶ人であって、自己の肉を捧げることによって、いとも達し難き天界に赴いた。（六）

バラモンよ。昔はランティデーヴァ（Rantideva）王の厨において毎日二千の家畜が殺され（七）〔同じく毎日二千頭の牛が殺された。〕ランティデーヴァ王は常に肉をともなった食事を供して、無比の栄誉を得た。再生族の最上者よ。四月祭においては常に家畜が殺される、という。（八）

聖火は肉を欲する、とヴェーダ聖典にも伝えられている。バラモンよ。諸々の祭においては常に家畜が再生族のものによって殺され、呪文（mantra）によって浄められて、かれらはすべて天の世界に達した、と伝えられる。[13]』

ここでは祭祀において犠牲として殺される獣たちは幸せである、と、まじめに説いているのである。祭祀において犠牲として殺された草・木・鳥・獣が来世によき状態に生まれかわり、またこれを実行した人が来世に幸福を受けるということは、正統バラモンの主張するところである。[14]

『バラモンよ。もしも昔に聖火が肉を欲しなかったならば、何人も肉を食することは無かったであろう。再生族の最上者よ。（一〇）

この食肉に関しても諸々の聖者は法軌（vidhi）を述べている。常に神々と祖霊とに供養して（肉を）食うとも、法軌に随い信仰に随うならば、肉を食べても穢されない。（一一）

こういうわけであるから、（肉を食べても）（譬喩的な意味で）「肉を食せざる人」である、とヴェーダ聖典に説かれている。（あたかも）定められた時期に妻に近づくバラモンでも（譬喩的な意味で）「清浄行をまもる人」（brahmacārin）である（のと同様である。）（一二）

真実と非真実とをはっきりと区別して確知した上で、この食肉に関しても法軌が述べられているのである。バラモンよ。昔サウダーサ（Saudāsa）王は激しく呪詛されて、人肉を食べた。これをあなたはどう思いますか？（一三）

再生族の最上者よ。わたしはこれを自己のつとめ（svadharma）であると考えて、（この行ないを）捨てない。（こういうことをするのは）昔つくった業（宿業）であると知って、わたしはこの業務（karman）によって生活しよう。（一四）

バラモンよ。自己のつとめ（svadharma）を捨てるならば、不正であるということが、この世で認められている。しかし自己のつとめを楽しむならば徳である、と確かに定められている。（一五）

実に以前に定められた業は人を解きはなすことがない。種々の業務を決定するこのきまりは、世界創造者（dhātr）によって見られ（て形成され）たものである。（一六）』

ここに述べられている議論はまさにカルヴィンの予定説（predestination）を思わせるではないか？　職業倫理説と予定説とのあいだには、インドでも本質的な連関があったのであろうか？

『賢者よ。残酷な仕事を行なっている人は、このことを観じなければならない。――われはいかにしたならば仕事を清浄なものとなし得るであろうか？　われはいかにしたならば破滅から免れるであろうか？　と。その恐ろしい仕事は種々のしかたで（罪滅ぼしをされ得ることが）確知されるであろう。（一七）

施与、真実のことば、師に対する柔順、およびバラモンを大いに供養することをなすとき、わたしはつねに法を楽しむ者であり、優勝欲[15]と慢心をはなれている。再生族の最上者よ。（一八）』

さらに農業でさえも殺生の罪から免れていない。

『農業を善であると人々は考えるが、農業においては最大の加害（殺生）が行なわれると伝えられている。人々は犂を以て耕しつつ、地中にある多くの生きものと他の生きものどもをしばしば殺すのである。それについて、あなたはどう思いますか？（一九）

再生族の最上者よ。米粒など穀物の種子と呼ばれるこれらのものはすべて生命あるものである。それについて、あなたはどう考えますか？（二〇）

再生族の人よ。人々は獣を襲って、殺しては食する。また樹木と草をも断ち切る。（二一）

バラモンよ。樹木にも、果実にも、また水の中にも多くの生きものが存する。それをあなたはどう思いますか?(二二)』

さらに生命の基本的な構造を考えて見ると、「殺し合う」ということは、生命にとって本質的なことである。

『バラモンよ。この全世界は生きものと生きものを食って生きているものどもとに充たされている。魚は魚を呑み込む。それをあなたはどう思いますか?(二三)

再生族の最上者よ。生きもの[16]は生きものによっていろいろと生活している。命ある者どもは互いに食し合っている。それをあなたはどう考えますか?(二四)

人々はどんどん歩きながら、地下にいる多くの生物を両足で殺す。バラモンよ。あなたはそれをどう思いますか?(二五)

知識あり分別ある人々が、坐し或いは横臥しつつ、しばしば生物を殺す。あなたはそれをどう思いますか?(二六)

この全世界は、虚空も地上も、生物にとりつかれている。ところで無智なるが故に、それらを殺すのである。あなたはそれをどう思いますか?(二七)』

〈生きものを殺さぬ〉というのは、実は偽善者のことばにすぎない。

『昔おごりたかぶった人々は実に「不殺生」(ahiṃsā)ということを説きましたが、この世において実に何人が生きものを殺さないでしょうか? 再生族の最上者よ。

このように良く熟考してみますと、生きものを殺さない人はこの世には一人もいません。(二一八)

再生族の最上者よ。修行者たちは(観念的に)不殺生を楽しんでいるが、しかし実は殺生を行なっているのです。ただ(殺生しても)、(なるべく殺さないように)努めているから殺生は比較的に僅少だというまでなのです。(二一九)』

考えてみると、悪いということは、人間にとって本質的なものであり、ただ人々はそれに気づいているか、気づいていないかの相違があるだけである。

『良家に生まれて貴顕の人々で徳を積む者でも、非常に恐ろしい業務をなして恥じる人々もあり、また恥じない人々もいる。(二二〇)

親友が他の親友を見るときでも、また敵が他の敵を見る場合でも――両者ともに、正しく行動する人々を正しく見通していない。(二二一)

親族は他の親族が栄えているのを喜ばないし、みずから賢者なりと思う愚者どもは師を非難する。(二二二)

再生族の最上者よ。世間において多くの顚倒(道に逆らったこと)が見られる。徳あることと徳のないことと、――あなたはそれをどう思いますか。(二二三)

法にかない、あるいは法にかなわない業務に関していろいろのことを言うことができる。自己の業務（svakarma）に専念している人は、実に偉大な名声を博するであろう。（三四）』

ただ自分の職務に専念することによって、個々人の罪はゆるされる、と主張していることになる。その趣意を分析すると、罪は人間全体のかぶるべきものだと考えていたことになるであろう。さてここで誰でも生物を殺して生きているのではないか、と、ここに述べられている立論は、古くして、また新しい。それは近代西洋においても表明されている。

ベンジャミン・フランクリンが自分の菜食主義を捨てた理論も、これと同じである。

『このころは、動物性の食べものは口にしないという自分の決意を私がまだ固く守っているときのことで、このときも、トライオン氏の教えに従って、どんな魚でも、魚をとるということは、一種のいわれなき殺生《せっしょう》であるという考えをもっていた。というのは、魚は、その魚を殺してもかまわないといえるほどの危害を私たち人間に加えたこともなければ、また加えうるものでもないからで、私にはこういった考え方が、全面的に筋が通っていると思われたからだった。ところが、そうはいうものの、私は以前から魚が大好きであるうえに、フライパンから湯気をあげて現われる鱈の匂いがすばらしくよかったので、私はしばらくのあいだ、自分の主義と食欲とのあいだをあれこれ迷っていたが、結局最後は、魚の腹を開いたとき、その胃袋のなかから小さな魚が現われてきたことを思い出し、「おまえたち魚がおたがいに共食《ともぐ》いしているのだったら、私たち人間が、おまえたちを食べていけないという理由もあるまい」と考え直して、鱈を腹いっぱい食べたことだった。そしてこのあとは、ときどき思い出したように菜食にもどることはあるにせよ、私は、ほかの人たちと同じに魚を食べることにした。(17)』

叙事詩における猟師の論理や近代アメリカにおけるフランクリンの正当化の議論は、生きものは生きものを殺して食べているのであるから、生きものを殺して食べて差し支えないというのである。

ところがジャイナ教や仏教、特に大乗仏教の主張は、そのような現実を厭って、生きものを殺さないように努めるのである。(ジャイナ教の不殺生論に就いては次章「生命の愛惜」参照。)もしもできることであるならば、後者の道のほうが、反省をなす人間にとっては望ましいことであろう。

古代においては、個体の身体と器官とが注意されるにとどまっていたが、近代科学の発展とともに、一七世紀には細胞が発見され、その後細胞内の微細な構造が明らかにされるに至った。そうして細胞の内部に遺伝子やDNAのはたらきまでも明らかにされた。今後研究はますます進展するであろう。

しかしそれは生命のはたらきの見られる物質の構造がますます詳しくなるというだけであって、

次の二つの問題に対しては答えが与えられていない。

(1) 生命とは何であるか? つまり生命現象の見られる物質を構成している諸元素とは異なった原理としての生命とは何であるか? 諸元素の結合のありかたの一種にほかならないのか? あるいは諸元素とは異なった独立の存在なのであるか?

この二種の見解はすでに古代哲学において対立していたが、最近代の科学をもってしてもまだ解決が与えられていない。

(2) 第二に、生命は何のためにあるのであるか? これに対して科学は答えてくれない。これは、恐らく自然科学の領域外の問題であって、あるいはこういう目的論的な設問自体が無意味なのであろう。

それを説明するためには、

(小前提) 生命はAである。
(大前提) Aは……のためである。
(結論) 生命は……のためである。

という推論形式をとらざるを得ない。ところが、生命を問題とする限りにおいては、生命よりもより広範囲な外延をもっているAという概念は存在しないからである。

「生命ははたらきである」

と言えるかもしれないが、「はたらき」という概念が〈生命〉を含意しているので、この命題はtautology（同語反復）にほかならないことになる。生命に関して物理的、数学的、あるいは論理学的な概念を以て述語することは理論的には可能であるかもしれないが、生命を生命たらしめる本質的なものは、その概念規定の立言から逸脱してしまうからである。

そこで言えることは、〈われわれが生きている〉すなわち〈われわれは生命を与えられている〉というのは、われわれにとって原初的な事実である。それに対して、われわれは異なった道をとることはできない。

そうして〈生きている〉ということは〈死ぬ〉ことを内含している。われわれは毎日〈生き〉てまた〈死んでいる〉のである。たまたまその生きるはたらきが途絶すると完全に死んでいる。そこでわれわれは〈生きている〉という原初的な事実を見詰めて、それを何ものよりも尊いものとして大切に生きて行く。——これがのこされている唯一の道であろう。

（1）『タイッティリーヤ・プラーフマナ』二・八・八。
（2）annasvāmin.
（3）『ブリハド・アーラニヤカ・ウパニシャッド』一・四・六。
（4）「申命記」三三・一三—一四。
（5）詳細については、H. Zimmer : *Philosophies of India*, pp. 345—350参照。
（6）『プルシャ（原人）が食物によって興るとき、

不死性を支配しつつ、

過去および未来のこの一切のものとなる。』（Ṛ V, X, 90,2 ; cf. Ṛ V, 1,25,10-12 ; *Śvet. Up.* III, 15）

『太陽のうちにあるこの黄金より成るプルシャは……まさにこの内部の心臓の蓮華に依存し、食物を食する。』（*Maitri-Up.* VI, 1.）

初期のキリスト教では〈食をむさぼる〉というのは世俗的なことと解されていた。

『また人の子がきて食べたり飲んだりしていると、見よ、あれは食をむさぼる者、大酒を飲む者、また取税人、罪人の仲間だ、と言う。』（「ルカによる福音書」七・三四）
（7）ヘーラクレイトス、断片、六二。（『ギリシア思想家集』三九ページ）
（8）『ブッダチャリタ』五・五。
（9）同上、五・六。
（10）肉を売るしごと。（ニーラカンタ）
（11）ニーラカンタの註により補う。
（12）仏典におけるシビ王ジャータカ（Jātaka, No. 499）参照。
（13）この句はカルカッタ本にのみ存する。
（14）例えば、『マヌ法典』五・三九、四〇、四二、『ヴィシヌ法典』五一・六一以下。なおヘーマチャンドラの『ヨーガ・シャーストラ』二・三三以下参照。

『囲陀論師説……人中猪羊驢馬等、於界場中、殺害供養梵天、得生彼処、名涅槃。』(『提婆菩薩釈楞伽経中外道小乗涅槃論』)

(15) ativāda. これはウパニシャッドでは重要な観念である。(*Bṛhad. Up.* III, 9, 19.)

(16) 「生きものは」sattvāni. 中性形であることに注意。

(17) ベンジャミン・フランクリン『自伝』(中央公論社、『世界の名著』33、一一六ページ)

生命の愛惜

われわれは生命の問題を考察して、〈生命の尊重〉という観念にまで到達した。哲学者がどのように解釈しようとも、われわれは現実に生命をもって生活しているのであり、また他人の生命に対処せねばならない。生命を尊重すべきであるということは、人々のもっている実践的前提である。

ショーペンハウアーはすべての生命にとって苦悩は本質的なものであり、知識が少しでも増大すれば、それだけ苦悩も増大すると考えていたと言われる。生命の問題は苦悩を内含している。いのちははかないものである。されば こそいのちは愛惜さるべきである。苦悩を内含しているということは、また生命がはかないものであるということにつながっている。

いのちははかないものであるという趣意で〈露の命〉ということをいう。その感懐はすでに万葉の歌人にあらわれていた。

「ありさりて後もあはむと思へこそ
　露のいのちも継ぎつつわたれ」

（平群氏女郎、『万葉集』一七・三九三三）

「いのちは風前の灯《ともしび》のごとし」ということを、わが国ではよくいう。この問題についてインド人の反省はさらに古く遡ることができる。『ああ短いかな、人の生命よ。百歳に達せずして死す。たといこれ以上長く生きるとも、また老衰のために死す。』(1)

仏教の開祖ゴータマ・ブッダ（釈尊）が道を求めたのは、まさにこの反省の故であった。かれは政治的な地位と物質的な享楽という点では恵まれていた。それはかれの出身を考えるならば、取り立てて言わなくても解っていることである。しかし、かれはそれに満足することできなかった。かれは少年時代から、人生の問題に深く思い悩んだ。それにはかれの天性も与って力があったであろう。また母なき淋しさの憂鬱のためもあったであろう。

かれは後年サーヴァッティー国の「孤独者に給した人の園」にあって、少年時のことを回想して、諸々の修行僧に対して次のように述べたという。(2)

『わたくしは、いとも優しく柔軟であり、無上に優しく柔軟であり、極めて優しく柔軟であった。（身体が柔弱であり、華奢であった。）わが父の邸には蓮池が設けられてあった。そこには、或る処には青蓮華が植えられ、或る処には紅蓮華が植えられ、或る処には白蓮華が植えられてあったが、それらはただわたくし（を喜ばす）ために為されたのであった。わたくしは（よい香りのする）カーシー（＝ベナレス）産の栴檀香以外には決して用いなかった。わたくしの被服はカーシー産のものであった。襯衣はカーシー産のものであった。内衣はカーシー産のものであった。（邸内を散歩するときにも）寒・暑、塵、草、露がわたくしに触れることのないように、実にわたくしのために昼夜とも白い傘蓋《さんがい》がたもたれていた。そのわたくしには、三つの宮殿があった。一つは冬のため、一つは夏のため、一つは雨季のためのものであった。それでわたくしは雨季の四ケ月は雨季に適した宮殿において女だけの伎楽にとりかこまれていて、決して宮殿から下りたことはなかった。他の人々の（一般の）邸では、奴僕・傭人・使用人には屑米《くずまい》の飯に酸い粥をそえて与えたが、わたくしの父の邸では奴僕・傭人・使用人には白米と肉との飯が与えられた。

わたくしはこのように裕福で、このように極めて優しく柔軟であったけれども、このような思いが起こった、——愚かなる凡夫は、みずから老いゆくもので、また、老いるのを免れないのに、他人が老衰したのを見て、考え込んでは、悩み、恥じ、嫌悪している。われもまた老いゆくもので、老いるのを免れない。自分こそ老いゆくもので、同様に老いるのを免れないのに、他人が老衰したのを見ては、悩み、恥じ、嫌悪するであろう、——このことはわたくしにふさわしくない、と言って。わたくしがこのように考察したとき、青年時における青年の意気は全く消え失せてしまった。

無学な凡夫はみずから病むもので、同様に病いを免れず、他人が病んでいるのを見て、考え込んでは、悩み、恥じ、嫌悪している。われもまた病むもので、病いを免れない。自分こそ病むもので、同様に病いを免れていないのに、他人が病んでいるのを見ては、悩み、恥じ、嫌悪するであろう、——このことはわたくしにはふさわしくない、と言って。わたくしがこのように考察したとき、健康時における健康の意気は全く消え失せてしまった。

無学な凡夫は、みずから死ぬもので、同様に死を免れず、他人が死んだのを見て、考え込んでは、悩み、恥じ、嫌悪している。われもまた死ぬもので、死を免れない。自分こそ死ぬもので、同様に死を免れないのに、他人が死んだのを見ては、悩み、恥じ、嫌悪するであろう、——このことはわたくしにはふさわしくない、と言って。わたくしがこのように考察したとき、生存時における生存の意気は全く消え失せてしまった。』

右の回想は多分に事実に近いものであろうと思われる。最近世のインドでも大王(マハーラージャ)と呼ばれる豪族はあちこちに宮殿をもっている。その中で王者が椅子に腰かけていると、侍者が傘をもって、その上にかざしている。庭園の中にある美しい蓮池は、今のインドでもあちこちに見られ、ひとはそこで浴《ゆあ》みすることを好む。ベナレスは古来織物の産地として有名であるが、ゴータマ・ブッダの時代にも上質の綿織物を産することで有名であり、ネパールの南部でもそれを用いていたのであろう。

こういう優雅な生活に慣らされていたために、ゴータマ・ブッダは肉体的に弱く、ひよわで、精神的にはやさしい子であったのであろう。宮殿の中に閉じこめられていたために、恐らく同じ年輩の子どもたちと一緒に遊ぶことも無かったのであろう。そうして繊細で敏感なセンスをもっていたことと思われる。

そうしてゴータマ・ブッダが王者の地位をすてて一介の修行者となったからには、かならずや、右にのべられたような深刻な反省があったにちがいない。およそ迷っているわれわれ凡夫は、みずから老衰の運命を免れないのに、しかも他人の老衰したすがたを見ては嫌悪の情をいだく。しかし他人について感ずるこの嫌悪の気持は、やがて自分自身に向けられて来るのではないか。自分もまたこのように老い衰える運命を免れないのに、他人が老いさらばえたすがたを見て嫌悪の情をいだくことは、なんというあさましいことだろう。病気や死についてもまた同様である。かれはわが身に引き当てて考えたのである。

この反省はなまなましとした実感をともなっている。成長した人は誰でも自分がいつまでも若々しくあって老いないように、また健康であって病気にならないように、そうして結局は死なないようにと願っている。しかし人間の生存にねざしたこの希望は決してみたされない。

原始仏教末期の仏教者は、右に述べたようなこの反省は三つの驕り（憍り）を表現していると考えた。それは「若さの驕り」(yobbana-mada) と「健康の驕り」(ārogya-mada) と「いのちの驕り」(jivita-mada) とである。[3]〈驕りたかぶる〉ということは、普通は、高位顕官にある人々、財産のある富豪、深い学殖を具えた学者、常人のまねのできぬ技術をもつ職人、芸術家のもつものであると考えられ、ときには世人はこういう高ぶった態度を示す人々を非難する。しかし問題はもっと深刻である。非難する世人自身が実は〈驕り〉をもっているのである。自分は若い、元気だ、生きているということを誇っている。その驕りは人間に本質的なものだ。そして空虚なものである。まさに人間存在の本質をついているのである。

今ここでは、ゴータマ・ブッダの反省だけを手がかりにして取り上げてみたが、右の反省は、多かれ少なかれどの人にも通用することであろう。

ここから導き出される結論は、

（1）生命には苦が内在する。苦しみは生命にとって付随的なものではなくて、本質的なものである。生命が喜び、歓楽をともなっているのと表裏の関係にある。

（2）生命は、苦しみと対決しようとする。生きている限り、生きて行くことに抵抗する力がはたらいているので、生命はそれを排除しなければならない。生命は、またその苦しみからのがれようと、もがいている。

さて、生命がはかないものであるならば、その限りにおいては、また尊いものであらねばならぬ。ところが世の人々は自分の生命の大切なことを忘れている。

自分の命が尊いものであるという自覚はゴータマ・ブッダ（釈尊）の場合にも現われている。命を愛し、惜しむということは仏典のなかにもいろいろ説かれているが、ゴータマ・ブッダ晩年の感懐はとくにわれわれの胸を打つものがある。晩年にかれが齢八〇にして生まれ故郷、南ネパールに向って旅をしていたけれども、当時の第一の商業都市ヴァイシャーリーの丘の上に登って、ヴァイシャーリーの都を見下ろして、「美しいな」といって別れを告げる。そのときにサンスクリットのテキストには「この世界は美しいものだし、人間の命は甘美なものだ。」とあり、漢訳文には「閻浮提地、如五色画、人生於世、以寿為楽」となっている。人がこの世に生まれてきたならば、命長らえて楽しむというところに喜びがある。釈尊の晩年、亡くなる前にこの語を発したというところに感慨がこめられているように思われる。

次に原始仏教は自殺の問題をどう考えていたか？　修行を完成した修行僧が自殺を行なうのは必ずしも非難しなかった。

重病で臥せっていたヴァッカリ・ビク(4)がいった、

『我が身は苦痛極まり、堪忍すること難し。刀を求めて自殺せんと欲す。苦しみつつ生くるを楽《ねが》わず。(5)』

そこでヴァッカリは刀をとって自殺した。かれの魂がどこへ行ったのか、ということをビクたちが問題としたときに、釈尊は、

『かれの魂はどこかにとどまることなく、完全にときほぐされたのである。(7)』

と答えたという。この話から見ると、完全に修行したビクが、もはやこの世に生きていても無用であり、自分も苦痛に堪えないと思ったときには、自殺することを承認していたのである。

では修行を完成していない修行僧や世俗人の場合についてはどう考えていたのであろうか？はっきりした見解は表明されていないが、自殺したところでどうせ輪廻の生存を繰り返すのだから自殺は無意味だと考えていたのであろう。

修行僧は、世を捨てた人であり、その生死は、その人だけの問題であるかもしれないが、これを一般世人の問題として取り上げるならば、個人の生命の社会性、さらに広く言えば宇宙との連関性を考えねばならない。一個人のいのちは、その人だけのものではない。自殺するということは、その人がそれまで生きて来るのを助けてくれた人々の恩や厚意を殺してしまうことになる。はかり知れない多くの「生命」が、いま一つの「いのち」のうちに凝縮しているということを忘れてはならない。

また別の問題が起こる。さて自殺するということが、修行の立場から見るならば、無意味であるとしても、現に人が痛烈な苦しみに悩んでいるときに、なお生かしておくべきであるかどうか？ ここで安楽死（Euthanasie）の問題が起きて来る。これは現代における重大問題として盛んに論議されている。しかし昔の人々も決してこれを意識しなかったわけではない。切腹に対する介錯の問題もその一つである。現代の医学の進展の結果、新たな問題が生じて来たのであるが、原則的には〈生命の尊さ〉と〈苦痛を与えぬ〉という二つの原則——この二つは時に矛盾することがある——によって解決さるべきであろう。

人々はだれでも長生きしたいと願う。東西を通じて、長寿の達成ということも積極的に勧められている。シナの道教の徒のめざすところはまさに不老長寿であった。

西洋でどのような教えが説かれたか、わたくしは未だ審かにしていないが、仏典のうちには長寿は願わしいものとして望まれている。(8) そうして「長生きのための心がけ」も説かれている。人が寿命を全うしないで、横死することがあるのは何故であるか？ 『九横経』(9) によると、次の九つの理由によって『命が未だ尽きざるに横死す』という。——

一つには、食物としてはならないものを食物とすることである。それは〈好ましからぬ料理〉である。また『飽腹してとどまることのない』場合もそうである。

二つには、食べる量をはからないことである。『節度を知らず』、多く食べて食べ過ぎることである。

三つには、習慣に従わないで食事することである。それは『時の冬なるか夏なるかを知らない』ことである。他国に行っても民衆が適当と思う習俗を知らないので、食物を消化することができない。それぞれの場合の食事に慣れていないからである。

四つに、食物を消化しないことである。食物としてとっても薬を服さないならば、吐き出してしまって、時ならぬのに消え失せてしまう。

五つに、熟するのを止めることである。大便・小便が下り来る時に、即時にあくびをせず、即時に排泄しないで〔我慢する〕ことである。〔あくびをしたり排泄したいときには直ぐに行なうのがよい。〕

六つに、戒をたもたないことである。それは五戒を犯すことであって、殺しと盗みと他人の婦《つま》を犯すことと両舌と飲酒とである。またその他の戒のこともある。罪を犯したために県官（の獄舎）に入り、或いは非命に死し、或いは笞・杖・刃で切られたり刺されたりし、或いは飢渇して死ぬ。或いは脱出することができても、怨みある人のため死ぬ。或いは驚き怖れて罪のことをびくびく思いあぐんで憂えて死ぬ。

七つに、悪友に近づくことである。悪友とはすでに悪いことをして、その引っかかりのある人である。何故かというと、あいかわらず悪友を離れないから、善意の区別に気づかなくなり、悪友の悪いありさまを考えず、悪友のなす悪を思わなくなるからである。

八つに、適当な時でないのに〔修行僧が〕村落に入ることである。それを『冥行』という。また村落に争いがある時に行き、また村落で官吏や警吏が犯人を追捕しつつあるのを避けない。また道理に反したことをする、すなわち村落に入って妄りに他人の家宅の中に入り、見るべからざるものを妄りに見、聞くべからざるものを妄りに聞き、犯すべからざることを妄りに犯し、説くべからざることを妄りに説き、憂うべからざることを妄りに憂い、もとむべからざるものを妄りにもとめることである。

九つに、避くべきことを避けない。すなわち狂暴な象や、悪い馬牛、はしる車、蛇、虺、坑や井戸、水や火、抜刀した人、酔っぱらい、悪人、またそのほかの若干の悪いものを避くべきである。

このような九種の原因をつくる人々は、命が未だ尽きないのに、即座に命を失ってしまうのである。故に聡明な人は、避くべきこれらの原因を識るべきである。それらを避けるならば、両種類の福を得る。一つには長寿を得る。二つには長寿であるが故に道を開くことができ、好く説かれたことばをも実行することができる。

以上は、釈尊がサーヴァッティー市の郊外の祇園で、諸々の修行僧（ビク）のために説いたということになっている。右のうち第六が純道徳的なものであり、一から四までは食事に関するものであり、全体としては「生活の知慧」といった性格のものである。第九はまさに現代で言えば自動車の交通戦争に対応するものであろう。第八も、現代人に実行されていることである。——騒ぎがあったとき、警察とかかわりを持ちたくないなどというのはそれである。

ところで、こんなに注意してまで長生きする必要があるのだろうか？　世俗の人々が長寿を欲するのは当たり前である。しかし出家修行者に長寿は願わしいことなのであろうか？　早くニルヴァーナへ入ってしまった方がよいのではないか？(10)　これは仏教説として矛盾ではないか？

これは明らかに矛盾であるとわたくしは思う。しかし仏教はもともと最高目的（paramattha, amata etc.）をめざす教えであり、もしも長寿がそれに接続するものであり、人間にとって願わしいものであるならば、それを説いて差し支えない。そうしてニルヴァーナの教えを捨て去ってもかまわないのである。ニルヴァーナの教えそれ自体が、仏教にとっては、当時の他の宗教からとり入れたものにほかならず、一種の方便説にすぎなかった。だからニルヴァーナの教えを捨ててしまっても差し支えないのである。——後代の密教徒が行なったように。

右に紹介した教えは、また世俗の人にも適合すると考えられる。右の諸項のうち「食量を少なくする」ということは、世俗の人も実践すべきであると考えられていた。(11)

生命一般を愛惜するという態度から、他人の生命の愛惜ということについては、次の二つの方向が成立する。

(A) 生命を奪うことは最大の罪悪である。

(B) 反対に生命に奉仕することは最大の美徳である、

ということになる。

これを現実の生活の場面に適応すると、

(A) 不傷害

(B) いのちへの奉仕

という態度が出て来る。これをさらに検討してみよう。

何故に他人の命を尊重すべきであるか?

慈悲の徳は原始仏教以来、説かれているが、ことに大乗仏教ではさかんに強調された。従前の保守的な仏教に比べて、大乗仏教ではとくに慈悲の意義を重んずる。そこに区別があるといわれている。

人は何故に人を愛するか。何故に人の命を尊び、労るべきであるか。この問題については、初期の仏教においてはこう教えている。——人は何人といえども自己を愛する、また自己を愛さなければならぬ。何人にとっても自己よりもさらに愛しいものはどこにも存在しない。人を殺すのはなぜいけないか。すべての人は生命を愛し、安楽を欲している。だから自己に思い比べて他人を殺してはならぬ。また殺さしめてはならぬ。自己を守る人は他の自己をも守る。それゆえに自己を守れ、という。この点を大乗仏教においては、とくに空観の思想によって哲学的に基礎づけている。

生きている、ということは、現実にはエゴイズムを主張していることである。しかしエゴイズムがエゴイズムとしてとどまっている限り、人間の苦悩はなくならない。

釈尊がスブーティに対して説いた教えとして次のように伝えられている。

『スブーティよ――

「およそ生きもののなかまに含められるかぎりの生きとし生けるもの、卵から生まれたもの、母胎から生まれたもの、湿気から生まれたもの、他から生まれず自から生まれ出たもの、形のあるもの、形のないもの、表象作用のあるもの、表象作用のないもの、表象作用があるのでもなく無いのでもないもの、その他生きもののなかまとして考えられるかぎり考えられた生きとし生けるものども、それらのありとあらゆるものを、わたしは、《悩みのない永遠の平安》という境地に導き入れなければならない。しかし、このように、無数の生きとし生けるものを永遠の平安に導き入れても、実は誰ひとりとして永遠の平安に導き入れられたものはない」と。それはなぜかというと、スブーティよ、もしも求道者が、《生きているものという思い》をおこすとすれば、もはやかれは求道者とは言われないからだ。

それはなぜかというと、スブーティよ、誰でも《自我という思い》をおこしたり《生きているものという思い》や、《個体という思い》や、《個人という思い》などをおこしたりするものは、もはや求道者とは言われないからだ。』（『金剛経』三）

人と人とは現実には別の存在として現われている。けれども、それは現実の生活領域において異なったものとして現われているのであって、存在の究極にまで入って考えるならば、自己、他人というものは相互に連関限定し合って成立しているものである。他人があってこそ、自己というものが成立する。その両者の間には相互に依存する関係がある。おたがいに基礎づけ合っている関係がある。それ自身としては存在しないで、他のものを前提とすることによって成立しうる。この道理を〈空〉という。世のなかに固定的なものはない。たがいに相依って起こっているという道理を縁起という言葉を用いて表現する。今日、縁起がいいとか、縁起が悪いとかいうけれども、これは全然、後世に崩れた別の意味である。もとの（空の思想における）縁起という観念は、「いかなる個人存立も孤立したものとしては成立しない。必ず他のものに依存して、あるいは過去のものに基づいて未来のものを予想しながら存在している。目に見えないけれども、存在の根本はこのようなものである」というのである。この縁起の理法に基づいて慈悲の徳を実現しようということが、大乗仏教の実践の基本である。そこから〈生きものを殺すなかれ〉という不殺生が説かれるのである。

ただ生命を尊重するといっても、人間の生命だけを尊重すべきであるのか、あるいは範囲をひろげて動物の生命までも尊重すべきであるかどうか、ということが問題になる。

動物の生命までも尊重すべきであるという主張において、代表的なのはジャイナ教の主張である。

生命を尊んだということは、インド思想ではとくに顕著であるが、ジャイナ教（Jainism, Jaina）がいちばん徹底していたと思われる。その開祖は、ゴータマ・ブッダ（釈尊）とほぼ同時代のマハーヴィーラ（Mahāvīra）という人（西紀前約五世紀）であったが、この宗教は、人間の生命を尊ぶばかりでなくて、生きとし生けるもの、動物はどんな小さなものでも、損なわないように努める。〈生きものを殺すなかれ〉という教えは、われわれの間には仏教を通じて、非常に古い時代から入ってきている。ところがジャイナ教の教えは徹底している。生命を傷つけてはならぬということは、だれでも目ざしているけれども、それを完全に実行するということは容易なことではない。ジャイナ教では少なくとも出家修行者にはそれを完全に実行することを要求する。まず殺すことはいけない。動物を食うために殺してはならない。だからジャイナ教の人は肉食を絶対にしない。それればかりでなく、歩くときにはジャイナ教の修行者は道をホウキで掃きながら歩く。うっかり歩いていると、虫を踏んでしまう。だから、そうしないために、掃きながら歩くが、それは竹ボウキで掃いてはならぬ。それは堅いからだめだ、というので、彼らだけで綿でつくった柔かいホウキを虫追いのために使って、掃いたそのあとを歩く。日本では仏教僧侶が儀式のとき、払子《ほっす》を使うが、あれはもとインドで虫追いの道具であって、修行者がもっていたから、それが仏教に入って、ああいうものになったのである。わたくしは、ジャイナの尼僧に会ったことがある。わたくしはインド人の作法にしたがって、通訳を介して話したけれども、自分たちが綿でつくった独特のホウキをもっていた。さわってもいいというのでわたくしはさわってみたけれども、実に柔かいもので、虫一匹、殺せるものではない。また、ジャイナ教徒は夜遅く、飯を食べてはならない。それは衛生上よくないということではなくて、夜遅く暗いところで食べていると、食物にたかっている虫を食べてしまうから、殺生の罪を犯すというのである。また尼僧でも男僧でも、ジャイナ教の修行者はみなマスクをしている。これは口だけおおうのである。口をポカンとあけていると、口のなかに虫が入るから、殺生の罪を犯さないように、それを防ぐというのである。このように戒律を犯さないということでは、徹底している。わたくしはジャイナ教の寺で叱られたことがある。寺院にゆけば、靴を脱いで裸足になるということは知っていたが、わたくしが麦藁帽子をもっていたのがいけないという。麦藁帽子の内側の革は屠殺によって得たものだから、そんな汚れたものは寺院の外においておけ、というのである。このように、たいへん戒律が厳しい。ところで戒律を出家修行僧だけに強制するだけでなくて、世俗の人々にも強制する。現実の世界は厳しいものだから、なかなかジャイナ教の理想通りにはゆかない。厳密にいうと、ジャイナ教の信徒たちは生産に従事することは困難である。大工になるには、木を伐採しなければならない。木には鳥が巣をつくっているが、それを破壊するから、樹木を切ってはいけないという。結局ジャイナ教の人は何になれるかというと、厳密にいうと、小売商人か金貸しにしかなれない。そこで、インド人の金貸しにはジャイナ教徒が多い。金を貸してもうけても、厳しい戒律を守るから、いわゆる「ごちそう」は食べられない。菜食の粗食に甘んじ、酒は飲んではならないということで、厳しい戒律を守る生活を送るから、金は溜る一方であるということになる。かれらはウソをついてはならぬという戒律を守っているから、信用がある。商人として信用があるから、ますます成功者になる。だからジャイナ教の信者には富裕な人々が多い。前世紀までのインドの民族資本の半分以上はジャイナ教徒の手中にあった。現在でその人数は約二六〇万にすぎない、全インドの人口の約〇・四七％にしかならないけれども、それがかつては全インドの民族資本の半分以上のものを握っていたのである。

〈宗教と資本主義〉の結び付きということは、西洋でも問題になっているが、インドでは全然別の形で問題が起こっていること、しかもそれが根本的には〈生命の愛惜〉の問題から発生しているということを付け加えておこう。

ところでいかなる動物も殺してはいけないということになると、隣人が危険に陥るのも見過すことになる。例えば、隣人が毒蛇に咬まれて死ぬのも容認することになる。

しかしわれわれは人間である限り、人間を助けねばならぬ、という情に迫られるであろう。そうしてそのとおり毒蛇を殺して、隣人を助けるであろう。

しかし毒蛇を殺して人間を助けねばならぬという絶対普遍的な定則は何も存在しない。毒蛇の立場から見れば、事情は逆になる。毒蛇にとっては人間は有害な、恐るべき存在である。ただわれわれは人間というかたちをとった生き物であるから、同じすがたや本質的特徴を共通に有するものに味方するのである。そこに段階的な相違があるということも、厳然たる事実である。

そこで、動物、殊に人間に近い動物の生命を尊ばねばならぬという見解を保持しつつ、人間の生命の優位を認めたのは、仏教である。

以前に述べたようなジャイナ教のこういう生き方は極端で、結局、普遍的にはならないわけである。命を愛し、尊ぶという教えをとり上げて、しかも普遍的なものになったという点では、アジアでは仏教であったということがいえるであろう。仏教では慈しみ、憐れむという根本的な徳、すなわち慈悲を教えるが、「慈悲」の「慈（maitrī）」は慈しむ、「悲（karuṇā）」は憐れむということである。シナの六朝時代に「悲」という字は「憐れむ」という意味に使われたのである。仏教では慈悲の徳は根本的なものとして、原始仏教以来、説かれている。慈悲というものは、一言でいうならば、愛の純粋化されたものであるといえるであろう。人間におけるその最も顕著な例は、たとえば母親が子に対していだく愛情のようなものであると説かれている。原始仏教においては母が身命を忘れて子を愛するのと同じ心持をもって、万人、生きとし生けるものを愛せよと教えている。経典の文句に『あたかも母がおのが独《ひと》り子《こ》を身命を賭しても護るように、そのように一切の生きとし生けるものどもに対しても、無量の（慈《いつく》しみの）こころを起こすべし。[12]』という。

もともと仏教やジャイナ教で説いたことであるが、このアヒンサー（ahiṃsā 不傷害）が近代ではガンジー（Gandhi 一八六九―一九四八年）の運動の根本的な徳として立てられている。ガンジーは主張した。――独立を達成するためには力をもたなければならない。しかし人を傷つけてはならない。暴力に頼ってはならない、と。ガンジーは若いときにジャイナ教のさかんな西インドのグジャラート州に生まれて育ったので、かれ自身はヒンドゥー教徒であったけれども、間接的にジャイナ教の精神的な感化をうけていたのである。インドで仏教は消滅したけれども、仏教はアジア一般には「傷つけるなかれ」という教えを説いたのである。「生きものを殺すなかれ」ということは、仏教徒の守るべき五戒のうちの第一のものとされている。

このような思想のゆえに、仏教はインドの宗教一般に大きな変化をひき起こした。仏教以前においては、動物を殺して犠牲として神々に捧げるということがインド一般にひろく行なわれていた。この事情は、チベットでもシナでも日本でも、同様であった。ところが仏教の不殺生の教えのために、祭のさいにも動物の犠牲を捧げるということが行なわれなくなった。

仏教は慈悲の教えであるから、まず「生きものを殺すなかれ」ということを強調している。『生きとし生けるものに対して暴力を用いない(13)』というのが、理想とされているのである。

『生きものを（みずから）害してはならぬ。また（他人をして）殺さしめてはならぬ。また他の人々が殺害するのを容認してはならぬ。世の中の強剛な、また怯《おび》えているすべての生きものに対する暴力を蔵《おさ》めて――(14)。』

仏教の説く不殺生は、人間を殺してはならぬということが第一であるが、理想としては生きものをすべて殺さぬことをいう(15)。不殺生の思想はジャイナ教のみならず、バラモン教にも部分的に存し(16)、叙事詩(17)においても説かれているが、仏教はそれを受けたのである。

『一度生まれるもの（胎生の動物）でも二度生まれるもの（卵生の動物）でも、この世で生きものを害し、生きものに対するあわれみのない人、――かれを賤しい人であると知れ(18)。』

（卵生の生きものは一度卵として生まれ、次に孵化して小鳥となるから「二度生まれるもの」と呼ばれる。）

盗賊アングリマーラを教化するに当たって、釈尊は次のように（詩句で）説いたという。

『アングリマーラよ。われは〈安住〉している。あらゆるときに生きとし生けるものに対する武器（＝害心）を捨てているのだから。

ところが汝は生きものに対して自らを制することが無い。だからわれは〈安住している〉が、汝は〈安住していない〉のである。[19]』

何故生きものを殺してはならないかというと、いかなる生きものにとっても『自己よりもさらに愛しいもの[20]』はどこにも存在しない。『同様に他の人々にもそれぞれ自己は愛しい。故に自己を愛する者は他人を害してはならぬ。[21]』

ただ現実の問題ということになると、生命を奪うということを原始仏教の信徒でも行なっていた。実際には肉食、交戦、農業を認めていたわけであるから、やはり問題は残されているのである。[22]

これが現代の生物学の研究方法に関連して来ると、問題はさらに複雑となる。現代の生物学者が実際に研究を遂行するに当たっては、人間以外の生物の生命に対しては尊重感をもたないのが普通である。〈生命の愛惜〉ということは人間以外には通用しない。これは鉄則である。

しかし、仏教的心情が浸透しているわが国では、動物実験の犠牲となった動物のための慰霊祭が行なわれる。西洋には無いことである。人類のエゴイズムを否定することはできないが、西洋におけるように無反省に放置されているのではなくて、第三者の高い立場から見るということが行なわれているわけである。

生命の愛惜の思想は、おのずから刑罰の問題にも影響を及ぼすようになった。インドの仏教徒は死刑を端的に否定していた。その思想が現実にどれだけ具現されていたかは問題であるが、ともかく典籍に記されている限りにおいては、インドの仏教徒は、死刑の廃止を唱えていた。この思想は日本にも受けつがれた。日本では保元の乱にいたる以前の平安時代では約四百年にわたって死刑が行なわれなかった。保元の乱のときにこの慣習が破られたのである（もちろん地方においては、盗賊を捕えたばあいに、それをその場で殺すというようなことは、実際に行なわれたであろうが、それは私刑すなわちリンチにすぎず、裁判に基づいた死刑とは区別されるべきである）。

生命を惜しむという思想は、仏教を通じて日本人一般のなかにひろがるようになった。自分の家で飼っている鳥獣を殺さないという慣習は日本人の間にはとくに顕著であり、欧米人のばあいとはかなり異なっている。わたくしの気づいた限りでは、欧米人は、鳥獣を気楽に殺してしまう。（イギリス人が犬を特別に大事にするのは、遊牧民の時代から、犬を家族の一員のように遇して来た習慣にもとづくものであろう。）またアジア大陸の奥地でも、生活上の必要から、そのようにせざるを得ない。（しかしこれも、絶対的な区別ではない。わたくしは、かつてドイツ人の婦人の精神病医学者とこの問題を論議したことがある。その人はいった、――「ドイツでも同じですよ。自分のうちで飼っている鳥獣は殺しませんよ。」と。統計的にどうなっているかは、調査してみないと解らないであろう。）

またインドないし南アジアの若干の国々では今日、祭儀にあたっては犠牲を供することは稀である。ときには犠牲獣のかたちをしたねり粉のかたまり（——人形《にんぎょう》ではなくて、獣形とでもいうべきか——）をお供えして、実際に殺すことをしない。またインドにはまた肉食せず菜食主義を実行している人々が相当にいるが、これらは仏教（ないしジャイナ教）の影響であると一般に認められている。

全体としては、東洋の普遍的宗教においては、生きものを憐れみ、生命を愛惜する、という傾向が顕著であった。（ただしこれも絶対的に立てられる区別ではない。古代から中世にかけて西洋でも、生きものを殺さぬ、という思想は稀に現われた。マニ教徒は生きものを殺さなかったし、キリスト教徒のうちでも北フランスのカタリ（the Cathari）の徒は異端者としてカトリック教会から弾圧虐殺されたが、かれらは生きものを殺さず、肉食をしなかった。その宗教審問の際には、鶏を連れてきて、絞め殺させる。絞め殺した者は宥されたが、絞め殺すのを拒否した者は異端者として火あぶりの刑に処せられた。

マニ教徒やカタリの徒には東洋思想の影響があると説明する学者がある。しかし仮に影響を受けたのであったとしても、影響を受けるだけの可能性が人間性のうちに潜在するからこそ、影響ということが可能であったのではなかろうか。

しかしどこの国でも、現実には、人間は生きものを殺して生きている。そこで何とかして殺さないですみたいものだというはかない願いをいだく。

そういう願いにもとづいて成立した宗教的習俗の一つが放生会《ほうじょうえ》である。それは、捕えられた魚や鳥を池・沼・山野に放つ法会をいう。それは生物の生命を尊重する精神にもとづいて、平素行なっている殺生に対する罪ほろぼしを表わすのである。わが国では通常旧暦の八月一五日に行なわれた。

このとき魚貝を放って食を与える池を放生池《ほうじょうち》といい、後世には寺院や神社の境内に多くつくられるようになった。

放生池は天台大師が始めたと伝えられ、日本では持統天皇の三年（西紀六八九年）に摂津の武庫の海、紀伊の那耆野、伊賀の身野名を殺生禁断の所と定めた。後には寺社の境内に任意に放生池を設けた。

西洋でも全然例の無いことではない。レオナルド・ダ・ヴィンチは、ときどき町の中央に出かけて行って、捕われている鳥を買いもとめて、大空に放ってやるのが趣味であったという。

放生がロマンチックであるのに対して、菜食主義の問題は現実生活において具体的な意義をもって来る。菜食主義（vegetarianism）というのは、人間の食物はすべて植物食に限ることが望ましいという主義である。近代においては、生理学、医学の立場から栄養の問題を考察して菜食を奨励する人々も現われた。しかし今ここでは〈生命の尊重〉という人間の宗教的道徳的心情にもとづいて菜食を実行する主義を考えてみたい。

それは生命の尊さを自覚し、生命を有する生きものに対する同情・共感をもつことに由来するから、おのずから〈宗教的〉または〈倫理的〉と呼ばれる色彩をもって来る。

西アジア人およびヨーロッパ人にとっては肉食はあたりまえの日常生活行動であった。それが善いとか、悪いとかいう議論は起こらなかった。ただギリシアでは、ごく僅かの哲人が、肉食を断つことを勧めたことが知られている。プルタルコスの倫理的小篇に「肉食について」というのがある。神話的伝説に包まれているオルフェウスや哲人ピタゴラスも肉食を断つように勧めたといわれる。こういう思想を継承したエンペドクレスは、魂は殺生や肉食や共食《ともぐい》をした罰で、死すべき肉体に縛りつけられているという意味のことを説いた。〔これはインドのジャイナ教と同じ理論である！〕後代にはマニ教徒、さらにマニ教の影響を受けたといわれる異端のキリスト教徒・カタリの徒（——中世フランスで一時盛んであった——）が肉食を嫌悪した。しかしこれらは西アジアからヨーロッパにかけては例外的である。

ところが仏教の影響の顕著であった南アジアや東アジアでは、この問題は大きな意味をもっていた。

「菜食主義」といっても一様ではなく、種々の度合が認められる。
（1）最も厳格な菜食主義は、食物を植物食だけに限定するものである。これは、シナ、ヴェトナム、朝鮮などで、また海外の中華人のあいだで、主として僧侶の実行しているもので、日本でも昔は僧侶が実行していた。現代の中華語ではそれを「素食」と呼ぶ。

(2) 植物以外に、牛乳や乳製品（バター、チーズなど）を食することを認める人々である。インド人の一部や、南アジアの仏教諸国の一部の人々はこれに属する。だから菜食であっても、油っ濃い。そうしてかれらは、鶏卵を食べないから、かれらは Non-eggist と呼ばれている。この語は英語の大辞典にも出ていないが、インド人の日常会話のうちには頻繁に出て来る。

(3) ゆるやかな菜食主義者。かれらは鶏卵や魚介類は食するが、獣肉、鳥肉は食べない。インドのベンガル州には河川が多く、魚介類が豊富であるので、ベンガル州のバラモンたちは〈魚介類は「海の野菜」である〉と言って、それを食するが、しかもかれらは「菜食主義者」であると称している。西洋人で仏教に帰依して仏教徒となった人々のうちには、この種の人々が多い。

菜食主義者のうちには、本性論者と進化論者がいる。

(1) 本性論者というのは、人間は本性上、菜食であったというのである。生理学上から考察すると、人間の歯型から見ると、人間はもともと果実を食べていたというのである。アジアの仏教徒たちは、生理学上の議論などは知らなかったが、人間は本性上、清らかな、善の性質をもっているから、他の生き物を傷つけることを好まないと言って、そこに、菜食主義（精進）の理論的根拠をもとめていた。

（2）進化論の立場に立つ菜食主義者。かれらによると、大昔には人間たちも互いに殺し合ってその肉を食べていた。しかし今ではその蛮風もなくなった。やがては獣畜を殺してその肉を食べるという風習もなくなってしまうであろう、という。こういう主張をする人は、インドの知識人たちのあいだに見かけるが、それはインドの伝統思想を、近代西洋の進化論によって基礎づけようとするのである。

肉食の禁止を述べたものとして特に有名なのは、ランカーヴァターラ経（楞伽経《りょうがきょう》）のうちの第八章「肉食」(23)の章である。そのうちでも韻文の部分は恐らく古くつくられたものであると考えられるから、先ず詩句の部分を翻訳してみよう。

『偉大なる聖者よ。勝利者のうちの雄者よ。道を求める人々、志の偉大なる人々は教えを説くが、かれらは、酒と肉と葱とを食したり、飲んだりしてはならない。（一）

偉大な聖者よ。悪臭は卑しい人々がなずみ、また悪名をまねく。肉は、屍体を食う悪鬼の食物であり、（求道者の）食すべきものではない、と説け。（二）

それを食うならば、罪過があり、食《くら》わないならば、功徳がある。……

マハーマティよ。肉食のうちには罪過のあることを、汝は気づけ。（三）』

マハーマティとは、この経典で呼びかける相手の求道者のことである。

『肉は自分の親族(24)から生ずるものであり、(良き行ないから)逸脱するものであり、(両親の)精と血との(汚汁)から生ずるものであるから、生類の厭い嫌悪するものであり、ヨーガ行者(yogin)は肉を離れるべきである。(四)』

ここでは仏教の求道者が「ヨーガ行者」と呼ばれている。そうして肉は汚れたものと考えている。この点では仏教の〈慈悲〉の教えとは関係なく、むしろ古来のヨーガ行者たちが肉を汚れたものと見なすその観念を受け入れて、肉食禁止を勧めるための一つの理由としているようである。

『種々の肉と葱と酒と韮と蒜とを、ヨーガ行者はつねに離れ、遠ざけるべきである。(五)油を〔身体に〕塗ることをやめよ。(生き物を近づけないように)鋭い棘で貫かれたベッドで眠ってはならない。孔の中に住んでいる生きもののために大きな恐怖をひき起こすからである。(六)』

肉食は人間の貪婪な、たぎる欲望と結びついている。

『(肉)食から奢りが生じ、奢りから物を求める意欲ある思惟が生じる。貪欲はその思惟から生じたものである。その理由からもまた、(肉を)食うべきではない。(七)

物を求める意欲ある思惟から貪欲が生じ、心は貪欲によって迷わされる。迷った人には絆にほ

だされることがある。そこで人は生まれるが、解脱することはない。(八)

儲けのために生き物が殺され、肉を得るために代価が与えられる。それらは、二つながら罪業(pāpakarman)であり、叫喚地獄などで(それらの罪業の)報いを受ける。(九)

聖者のことばを犯して肉を食う悪意ある者は、二つの世(現世と来世)を破壊するために(そのようなことを行なうのである)と、釈迦の教えのうちにあらかじめ説かれている。(一〇)

悪業をなす者どもは、極めて恐るべき地獄におもむく。肉を食う者どもは、暴悪なる叫喚地獄などのなかで悪業の報いを受ける。(一一)』

原始仏教では三種類の肉を食うことは許されていた。しかしこの経典ではそれを全面的に禁止している。

『自分が殺そうと考えて殺したのではない生き物(akalpita)の肉、他人から乞われて殺したのではない生き物(ayācita)の肉、自分が他人をして殺すようにさせたのではない生き物(acodita)の肉、という三種の制限のついた浄肉(śuddhamāṃsa)は(食べても差し支えないと言われているが)、実はそのような三種の浄肉なるものは存在しない。それ故に肉を食うてはならない。(一二)』

自分が食する肉は、たとい自分が手を下さないでも、とどのつまりは自分が殺したことになり、自分の責任を免れることはできない、ということを主張するのである。

『ヨーガ行者は肉を食うてはならない。

〔肉食することは、〕わたくしと諸々の仏（さとれる者）の非難するところである。

生き物どもは互いに食い合い、食肉鬼の種族に生まれる。（一三）

そうして悪臭あり、罵詈嫌悪さるべく、また狂乱した者として生まれる。

チャンダーラやプックサ（のような賤民）の種族やドーンバ[25]たちのあいだにくり返し生まれる。
（一四）
また良家のうちでも肉食をなす人[26]は、最下の人であって、ダーキニー鬼女の種族の胎や、羅刹や猫の胎に生まれる。（一五）
「象腋経」と「大雲経」と「涅槃経」と「アングリマーラ経」と「ランカーヴァタ－ラ経」とにおいて、わたくしは、肉を遠ざけ離れることを説いた。（一六）』
大乗仏教になってから肉食の禁止が説かれるようになったが、その禁止を説いた諸経典をここに列挙しているのである。
『（肉を食うことは）、諸仏と諸々の求道者（菩薩）と自己の完成をめざす出家修行僧（śrāvaka）たちによって禁ぜられている。もしも恥じることが無いためにこれを食うならば、つねに狂乱した者として生まれて来る。（一七）
しかし肉食などを遠ざけ離れるならば、知慧ある者、財ある者として、バラモンたち、あるい

はヨーガ行者たちの家に生まれるであろう。(一八)

生きものが殺されるのを見た場合(dṛṣṭa)、生きものが自分たちのために殺されたということを聞いた場合(śruta)、また生きものが自分のために殺されたのではないかという疑いの起こる(viśaṅka)のいずれについてでも、〔この三種の場合には戒律書の中で肉食が禁ぜられ、それ以外の場合には許されていたが、しかし本当は〕一切の肉食を遠ざけ離れるべきである。』

ここでは原始仏教の承認していた三種類の肉食をすべて否定しているのである。

『ところが食肉鬼の種族に生まれる理論家たちは(この道理に)気がつかない。(一九)』

ここで「理論家」(tārkika)を非難しているのは、理論家と呼ばれるような人々は、感覚で知覚され得ること、さらにそれに基づいて推理され得ることだけを承認する人々(例えば唯物論者たち)は、因果応報の理を認めないし、また他人に同情して助けるということは無用だと主張していたので、それに言及したのである。

『貪欲が解脱の障害となるように、肉と酒などは〔解脱の〕障害となるであろう。(二〇)

未来の世になって、肉を食う迷える論者たちは、〈肉食は適当であり(=戒律の立場からも承認さるべきであり)、罪汚れの無いものである、と仏も承認された〉と語るであろう。(二一)』

これは仏典一般に通じて言えることであるが、未来の世は悪くなり、堕落すると考えていたのである。

『肉という食物は薬（のごとく）であり、また子の肉に譬えられる。

ヨーガ行者は、それに反対して、僅かずつ托鉢を行なうべきである。（二二）

慈しみに住する人々に対し、常にいかなる場合でも、わたくしは（肉食を）禁止する。

（肉食をする者は）、獅子や虎や狼などと同じところに住んだらよい。（二三）

解脱のための法と矛盾するから、人々をぞっとさせる肉を食うてはならない。これは実に立派な人々の幢《はた》じるしである。（二四）』

韻文の詩句は以上のごとくであるが、その後、散文で詳しい説明が述べられるようになった。いまそれを詳しく翻訳紹介する余裕は無いが、そこでは仏の語として、

『わたくしは一切の生きとし生けるものどもを一子のごとくに想う者であるのに、どうして、自分の子の肉を食うことを、弟子たちに許すであろうか？』

という。

『ランカーヴァターラ経』のこの教えを聞いて一生断肉の誓いを立てる人々も後世に現われた。梁の武帝はその一人である。


インドではこういう伝統が今日まで残っている。今世紀の政治家のうちでも、対英抗争運動の

指導者ガンジーは、その不傷害・非暴力(アヒンサー)の思想の故に、菜食主義の生活をつづけていた。


西洋でも断続的ではあるが、食物のために動物を殺さないという思想があった。

古くは詩人Ovidは、菜食が原始人にとって自然であると書いていたという。

原始キリスト教徒は何を食べよとか、何を食べてはいけない、ということは、あまり問題にしなかった。

『何を食べようか、何を飲もうかと、自分の命のことで思いわずらい、何を着ようかと自分のからだのことで思いわずらうな。命は食物にまさり、からだは着物にまさるではないか。(27)』

生き物を殺して食べてはいけない、という教えはキリスト教の教えそれ自体の中からは出て来ないであろう。人間は神に似せてつくられたものであるから、人間の身体をたもつということは神の命に従うことであり、そのためには身体の健康をたもつということが絶対に必要であり、健康をたもつためには必要ならば肉食も差し支えないということになる。

ただし美味をとり飽食するために肉欲に耽ることは戒められていた。

『宴楽と泥酔、淫乱と好色、争いとねたみを捨てて、昼歩くように、つつましく歩こうではないか。……肉の欲を満たすことに心を向けてはならない。(28)』

しかし中世になると、鳥獣の生命をまもるべきであるという思想が現われた。すでに指摘したように、それはフランスに起こったカタリの徒であるが、かれらは異端の徒として弾圧され、やがて消滅してしまった。かれらにはマニ教の影響があったと言われる。聖フランチェスは鳥に説法したと伝えられているが、かれは家畜を殺すことを悪であるとは考えなかった。

近代になると、キリスト教のうちでも、第七礼拝日派は菜食主義を実行している。

菜食主義に対する非難は、われわれ人間は自分の健康をたもつことを第一義に考えねばならぬのであって、もしも肉食をしなければわれわれは身心薄弱になってしまうであろうということである。これに対して菜食主義者たちは、豆類などによって蛋白補給をすれば、植物食だけでも必要な栄養素を摂取することは可能であるという。

一九七〇年代の後半以後、アメリカでは菜食主義の主張が急にたかまって来た。わたしは一九五一年以後、アメリカへ度々出かけたが、菜食主義者には殆ど会わなかった。ところが、一九七五年以後には、数多くの菜食主義者に出会った。しかも、それはアメリカの伝統に対して反逆する傾向の人々のあいだに多い。それには、精神的宗教的理由のあるのは当然であるが、意外なことにはそれはむしろ経済的理由にもとづくもののようである。狭い地球の上で急激に増加する人口を養うためには、何らかの方策を立てる必要がある。アメリカは世界の穀倉として、他の国々の人を養うために、食糧不足の国々に食糧を輸出しつつあるが、それには限度がある。そのためには、一頭の牛を養うために必要な牧場に、豆類を植えることにすると、蛋白質の供給に関しては十倍以上の効率が得られる、と言うのである。ただし、これを実行するとなると、やはり忍耐とか節制とかいう精神的な徳を必要とするであろう。

こういう経済的な議論とは別に、人類は動物のうちで最も知能の進んでいるものであるから、人類に近い動物の〈生〉のことを考えてやるのは、人類がより良く生きることではなかろうか。昔の西アジアやヨーロッパでは考えられなかった思惟が現われつつあるのである。

それは、人類が倫理的道徳的により良く生きることを意味する。以前には「倫理的」「道徳的」という語は、もとは支配階級のあいだだけで考えられていたことであり、近代では人間一般に関することとしてのみ考えられていた。しかし、現在ではそれよりもさらに広い範囲で考えてよいのではなかろうか。殊に人類のエゴイズムが実は人類自身をそこなっているのではないか、という反省が年とともに高まりつつあることを思うと、こういう反省はなおさら必要となるであろう。

人類の文明が今後どの方向に向って進むか解らないが、人間は行動に関して選択をなす可能性をもっているから、科学文明の成果が今後の文明にもしも謙虚に適用されるならば、「生きとし生ける者どもの利益・安楽のために」生かされうるものである。病苦に悩む人々はますます少なくなるであろう。資源を有益に生かすことによって人々の生活はますます快適になるであろう。

今まで人間は動物を殺してきたが、人工皮革のようなものが科学によってつくられると、動物を殺さないですむことになる。蛋白質の合成化が成功するならば、人々が動物を屠殺することは無くなるということも、あながち夢ではないであろう。

人間にはこのように選択の可能性が残され、生き物を殺さないですむかもしれない道が開かれている。しかし動物のうちには、他の動物を殺すのでなくては生きて行けないものどもがいる。例えば、ライオンは羚羊などを追いかけて、つかまえて殺し、その肉を食べる。それ以外に生きる道は無い。それは、その動物がライオンとして生まれたために避けることのできない唯一の生き方なのである。そうして、またヒトと名づけられる残酷な動物に駆逐されて次第に減少しつつあることも、また疑いの無い事実である。それはライオンを待ち受けている〈運命〉なのである。

そこでわれわれは次に〈運命〉の考察に入って行かねばならない。

（1）『スッタニパータ』八〇四。

（2）Aṅguttara-Nikāya, III, 38 (vol. I, p. 145 f.)

（3）Aṅguttara-Nikāya, (vol. I, pp. 146—147.)

（4）Vakkali. この話は SN. XXII, 87 (vol. III, pp. 119—124).『雑阿含経』第四十七巻（大正蔵、二巻三四六中—三四七中）、『増壱阿含経』第十九巻（大正蔵、二巻六四二ページ中—六四三ページ上）に出ている。

（5）『雑阿含経』第四十七巻（大正蔵、二巻三四六ページ中）。

（6）viññāṇa 漢訳では「識神」または「神識」となっている。

（7）apatiṭṭhitena viññāṇena Vakkali kulaputto parinibbuto ti.

（8）『ダンマパダ』一〇九。

（9）大正蔵経、二巻八八三ページ上—中。宇井伯寿『訳経史研究』三七七—三七九ページ参照。異訳が無いので、わたくしの翻訳については自信のない点がある。

（10）この疑問は経典の他の箇所でも表明されている。中村『原始仏教の思想』上巻二六四ページ以下。

（11）出家者のための「食物の量を節せよ」という教えについては『原始仏教の成立』三一三ページ参照。なお SN. Vol. I, p. 82 G. 散文のうちに詳しく説明されているが、パセーナディ王は一ドーナを食したが、後には一ナーリカのみに控えたという。故に世俗人に対しても、節食ということはたたえられていたのである。

（12）Suttanipāta（略号 Sn), 149.

（13）Dhp. 142.

（14）Sn. 394. cf. Sn. 146.

（15）『諸の群生を殺さず。』（『六方礼経』）

（16）バラモン教の学生も生きものを殺してはならぬとされていた。（Gautama-dharma-

sūtra II, 17. *SBE.* vol. II, p.16)

(17) *MBh.* XIII, 113, 5.

(18) *Sn.* 117.

(19) *MN.* No.86 (Aṅgulimāla-sutta). vol. II, p.99.

(20) piyataraṃ attanā.

(21) *SN.* I, P. 75 G.; *Udāna* V, 1. 散文の部分において、この趣意をパセーナディ王が詳説している。

(22) I. B. Horner, *Early Buddhism and the Taking of Life, in B.C Law Commemoration Volume*, vol. I, pp.436—455.

(23) 南条文雄校訂『梵文入楞伽経』（大谷大学、一九五六年）p.256, *l.* 7—p.259.

(24) svājanya この語は辞書には出ていないが、sva＋jana からの派生語であると解する。

(25) domba. 音楽歌咏で生活する賤民。

(26) 刊本には māmsāde とあるが、若干の写本にしたがって māṃsādo とよむ。

(27) 「マタイによる福音書」、六—二五。

(28) 「ローマ人への手紙」、一三—一四。

三、運命

運命と宿命

近代の文明は、その初期においては、明るい未来を予約するものであったので、近代人は一つの不遜な思い上りに到達した。それは「意志の自由」を「行動の自由」と誤認したことである。人間は、決して自由に行動できるものではない。ふり返って見ても、われわれの周囲には、いかにわずらわしい束縛や強制が多いことであろうか？

社会的に定められた〈法〉に従うことのうちに自由にあるという見解がある。それは、特にドイツ派の哲学者や法学者のあいだで強く主張されているようであるが、しかし今までに現実に制定された法律というものは、多分に強者の側から弱者に向って、統治者の側から被統治者に向って課せられている場合が少なくない。

真実の普遍的なるものを、法（ダルマ）とか、ロゴスと呼ぶ試みはなされて来たし、現実の法律（実定法）や統治者の命令などがそれにもとづいて批判さるべき基本的原理を見失ってはならないので、それに従うことはまさに「自由」と呼ばれ得るであろうが、成文化された法律、あるいは現実に実施されている法律には種々論議さるべき点が多い。多くの民衆は、多くの強制や不可変の事情の中で生きているのである。

特に近代末期においては、社会制度が良くなれば、地上に天国が出現するような希望を与える思想が現われた。しかし社会制度が変革されても、人間にはどうにもならない運命がある。まず、人間がもっている基本的な運命は、人間が生命をもった存在として生きているということである。われわれ人間は動物や植物とどこが異なるか、ということを論議するよりも前に、われわれには生命があるということに注視しなければならない。「生きている」ということ自体が一つの謎であり、われわれの如何ともし難い運命である。

仮に宇宙の遠い大昔に単純な生命が現われ出たとしても、それが複雑化して今日のような複雑な構造をもつ生命がいかにして成立したか、ということは依然として謎である。

地上の生命は、みな太陽のエネルギーを、光と熱とのかたちで受け入れている。太陽の発する光と熱とがなければ、生命は誕生し得ないのであるが、その恩恵を受けるにしても、地球の上の生命と太陽との距離が近からず遠からざることが必要であるという。地球との距離が一億五千万キロというのは、生命を生み育てるのに最適であると言われている。これに反して他の諸遊星は、太陽に近すぎたり、あるいは遠すぎるために、生命の出現を見るに至らなかったのだという。

生命の成立に不可欠な条件である水や空気もまた、この最適の条件の故に成立し得たのであるという。地球の最も近い月においてすら、水も空気もなくて、生命の存在しないことが、実際に探険した人々によって報告されている。

ところで、地球と太陽との距離がどうして一億五千万キロという生命生育の最適の状態にとどまったかということは、われわれには解らない。ただ一つ言えることは、地球と太陽との距離がこれだけのものであるということは一つの〈偶然〉であり、この偶然に利せられて、地球上のあらゆる生命が成立し、ついに人間までも出現したのである。もしも地球が太陽にもう二千万キロ近くても、またもう二千万キロ遠くても、いま現在われわれが経験しているような生命は、成立し得なかったであろう。

そこで言えることは、われわれが生きているということは、一つの偉大な〈偶然〉であり、この偉大な偶然という〈運命〉を背負ってわれわれは生きているのである。生きているということは、一つの運命である。

だから最も広い場面においてわれわれ人間は共通の運命をもっているとともに、場面を狭く限ると、その極限においては各個人の運命というものを注視しなければならない。

それぞれの個人がいかなる一生を送るかということは、その人個人にとっての問題であって、代置も、転換も許されない。それは、いかなる社会制度を以てしても如何ともし難いものがあることを、われわれは認める。

個人が、全宇宙によって、それぞれ、他人とは絶対に代置され得ないものとして成立していることは、その人に特有のものであるから、これを〈運命〉と呼んでもよいであろう。

そこで、ここに〈運命〉の問題が登場する。

「運命」とは、辞書によると、「人間に、自分または他人の意志にかかわりなく幸福や不幸、喜びや悲しみがめぐって来る現象」「うん」とあり、この語は『字類抄』に出ているとのことであるが、『平家物語』一には「当家の運命尽きざるによって」云々という用例がすでに現われている。[1]「運命」という語はすでに古代シナで用いられていたが、その意味は「めぐりあはせ。うん。人生に遭遇する吉凶禍福」と解せられている。特に魏の李康（字は蕭遠）が作った文章に「運命論」というのがあり、『文選』巻五十三に載せられているが、古来聖賢も、帝王も、あるいは臣民庶民も、みな時運に遭遇すると否とにより、盛衰進退のあることをいい、経書を引き史書に徴し、縦横に論説し、絢爛たる文章のうちに原理を寓している。「治乱運也、窮達命也、貴賤時也」という三句が一篇の骨子であるという。[2]

「運命」を英語で表現するとなると、辞書には (a) destiny ; fate ; (a) lot ; "good, ill" fortune ;

doom; the inevitable というような語が挙げられている。kismet という語も使われることもあるが、それはアラビア語、トルコ語に由来するものである。フランス語では fatalité, destinée、ドイツ語では Schicksal が普通であり、ラテン語では fātum という。

さらに遡ってギリシアには moira という観念がある。これはギリシア詩人たちが特に強調して用いた観念であるが、そのほかにこれに似た観念としては adrasteia, aisa, anankē, dikē, pronoia, nemesia, tykhē, 特に heimarmenē であった。ローマ人はさらに fatum のほかに運命を fortuna と呼ぶこともあった。シナ人は「天命」を説いた。

これらはみな類似していて対比さるべき性格をもっている。それらの諸観念は決して同一ではない。しかしまた多分に類似しているから、それらに共通の分母または最大公約数のようなものを取り出すならば、或る共通の観念を形成することができるであろう。

その操作は今後の学問の課題であるが、しかし、それとは別に、人間の個人存在の成立する所以を分析することによって〈運命〉の概念を設定することも可能であろう。

以上の運命に対して「宿命《しゅくめい》」という語があって、辞書には、「生まれる前から定まっている運命。前世からの運命」と説明されている。(3)

シナにおける「宿命」という語を見るに、宿命とは、仏教語であるとして、「過去の因縁による運命。先天的に定まった運命。宿分」と説明されているが、(4)シナでは古くから用いられた語ではなかったらしい。仏教とともに入って来た語である。

仏教において「宿命《しゅくみょう》」というときには「前生における生活」(purve nivāsa)という意味であって、前世から定められている不可避・不可変なる運命という意味ではなかった。ただし前世における生活や行為が現世でのありさまに何らかの影響を及ぼすということは考えていたのである。ところでこの文字による表現を用いながら、若干の世人は、あるいは若干の哲学者は〈宿命〉というものを想定する。辞書を見ると、英語では fate ; fatality ; destiny と訳されている。

ところで西洋の諸言語では、右に例示したように、運命も宿命も同じ言語で示されている。かれらは運命も宿命も、同じことだと考え、区別することをしなかった。何故であろうか?

ラテン語の fatum はもともと「神々の判決」を意味し、英語の fate やフランス語の fatalité はそれに由来する。英語の destiny、フランス語の destinée は「予め定められた」という語義をもっているし、ドイツ語の Schicksal は schicken(送る)という意味に由来する。

いずれにしても、神々が、あるいは唯一神が、個々人の運命を扱う、と考えていたのである。この見解は、ギリシアの moira にまで遡るものである。ギリシア神話によると、人間の運命は、三人の運命の老女神の手に委ねられている。三人の老女神とは、クロートー(紡ぐ者)と、ラケシス(分け与える者)と、アトロポス(撓《たわ》めえない者)である。(5) 個々の人々にとっての運命とは、その「分け前」にほかならない。だからこそ運命は moira(分け前)とよばれている。なんぴとも、これを逃れることも、変えることもできぬと考えられていた。

こういう見解は、東洋にも全然欠如していたのではなかった。インドの叙事詩『マハーバーラタ』などでは、運命のことを daiva というが、「神（deva）に由来すること」という意味である。ここでも人の運命は神が定めると考えていたのである。

また「あらかじめ示された」という意味の destiny, destinée が運命または宿命を意味するのに対して、インドではやはり「あらかじめ示された」（diṣṭa）という語が特に文芸作品において運命または宿命を意味するものとして用いられている。

以上は多数の神々の支配を前提とする多神教の立場から考えられた運命論であるが、やがて西洋において一神論が支配的になると、唯一神が個々人の運命を支配すると考えるようになった。そこでカルヴィンなど一部の神学者のあいだでは救いの予定（prédestination）を想定するようになった。個々人はそれぞれ神によって予定された宿命をもっているのである。

インド思想や仏教には prédestination という観念が原則的にはないから、これに相当するものを見出すことに困難を感じる。karma の観念を充てる人もあるが、業が宿命的な制約をなすのは、その業の果報が熟して良い結果あるいは悪い結果を現出するまでのあいだのことである。良い、あるいは悪い結果を現出したならば、その業は消去してしまう。そうしてその後に影響を及ぼすことは無い。

また北欧のサガでは宿命（Nordic : audna）が人生を支配しているのであって、悪霊が支配するのではないと考えられていた。[6]

シナに伝統的な「天命」の観念は、明確に定義し難いが、相似たパタンのものであると言えよう。

ともかく人間以外のものから支配されると考えた点で、運命も天命も大して区別ないものと考えられていた。

ところがこれに対して運命と宿命とは別のものであるという主張が述べられている。高橋穣博士は、〈宿命〉とは、われわれの自由意志のはたらく余地がないほど、未来にわたってすべてが決定されていると考えることである、と言う。

『運命の支配をもっと深刻なものであると考える人もある。即ち運命の支配は我々の生前より定まり居り、我々の生れる境遇や性格が運命的であるのみならず、生後の一切の出来事も運命によって定められているとする。これは我々の意志の努力そのものをも運命によって定められていると考えるからである。そのような運命の支配を私は運命と言わずして宿命と呼ぼうと思う[7]』

これに対して、運命は偶然性を許容するものである。『運命とは偶然にして不可知な起生原因の一種である。』例えば、わたくしの乗っていた汽車が事故を起こして、わたくしが負傷したときには、わたくしは運が悪かったと思って納得する。またわたくしの買った宝くじが大金を引きあてたとき、わたくしは運が良かったと思う。運命は偶然性を許容し、したがって自分の自由意志により種々の方向をとり得る可能性をのこしている。

宿命と運命との区別は、西洋でははっきりしていないが、理論的に高橋穣博士が立てたものである。日本人のあいだにおいても、この区別は、はっきり自覚されてはいなかったであろう。両者は所詮、理念（イデー）である。現実においては、必然と偶然との交錯している〈運〉というものが一つあるだけである。だからこそ、他の諸言語においては、この両者が区別されなかったのである。しかし理論的に分析して、つきつめて考えると、「宿命」と「運命」との区分を立てることは、理論としては正当であろう。

ところで、運命論における他からの規制ということを徹底すると宿命論というか、もっとはっきり言えば決定論（determinism＝niyativāda）が成立する。

西洋思想史上において宿命の観念を最初に明確に打ち出したのは、ストア学派であったと言われている。ゼーノーンは決定論をいだいていた。かれの信ずるところによると、偶然というようなものはないのである。自然の運行は自然法によって厳しく定められている。ところでこれはまたインドのアージーヴィカ（Ājivika）教徒のいだいていた理論でもあった。そうしてアージーヴィカ教がインドで栄えていたのとほぼ同時代に、西洋ではストア学派が支配的であったのである。

しかし運命は宿命ではない。宿命論によれば、未来は閉鎖されている。しかし運命という視点から見ると、未来は解放されている。

運命は各人に特有のものであり、他人と交換することができない。

しかしそれは〈宿命〉ではない。万事がすべてあらかじめ決定されているのではない。各個人がそれぞれ現にあるがままのすがたで成立していることは、過去からの無数に多くの諸条件のからみ合いの結果であるが、それらの諸条件のうちのいくつかを、あるいはそれらのからみ合いの構造のありさまを、自分の意志によって変更することができる。ここに〈自由意志〉のはたらく余地がある。〈自由意志〉はすべてのことを改めることは不可能であるが、現在の事情に或る程度改変を加えることは可能である。

つまり過去から受けた諸条件をいかなる意味のものであると解するか、いかに意義づけるかということは、全くその当人の自由である。いかに改変するかというところに自由意志がはたらく。(ただし自由意志のめざすとおりに完全に実現することは不可能であるが、それはまた別の問題となる。)

さて、その改変を加えた事情が定着すると、その結果は、やがて過去の領域に入って既存の条件となって、その人の意欲する方向を助けることになる。したがって〈運命〉は人生の基盤としての大きな試験台、跳躍台(jumping board)でもあり得る。

個々人の生涯は変転にみちているから、個々人の将来を、その人も、また他人も、大体予測はするけれども、予測のはずれることもあり、また詳細を具体的に予測することは困難であるから、個々の人の〈運命〉は、その人の生涯が完結したとき、つまり死んだときに、初めて判定し、評価することができる。

（1） 久松潜一監修『新潮国語辞典』二〇一ページ。『岩波古語辞典』には出て来ないから珍しい語なのであろう。
（2） 諸橋轍次『大漢和辞典』巻十一、一一二ページ。
（3） 『新潮国語辞典』九三八ページ。『岩波古語辞典』には見当らぬ。
（4） 諸橋轍次『大漢和辞典』巻三、一〇四三ページ。そこには出典として、「〔大乗法数、三十四〕六道衆生、各各宿命。〔白居易、香山寺白氏洛中集記〕宿命通省二今日事一。」を挙げている。
（5） ヘシオドス『神統記』二一七、九〇四を、学者は挙示している。
（6） Hermann Schneider: *Die Götter der Germanen* (Tübingen 1938) ただし Helmuth von Glasenapp: *Buddhismus und Gottesidee*, S. 51 による。
（7） 『高橋穣小論集』（青河書房、一九六八年七月）、二〇六―二〇七ページ。

運命の共感から愛情へ

運命においては、偶然性のはたらく余地がある。というよりは、偶然性というものが重要なファクター（要因）となっている。自由意志、あるいは選択による行為の決定ということは、必然性によっては説明のつかないものであるから、必然性と対蹠的である、という意味において偶然性の側面に属する。

では偶然の要素は説明のつかない、気まぐれなものであるか、というと、決してそうではない。宝くじに当たるのが偶然であるとしても、そこには、政府が宝くじという射倖行為を公けに認めているという事実が、機会因として存在している。汽車に乗って事故のため怪我をするということも、汽車という交通機関そのものが事故を可能性として内在せしめているのである。全くやみくもに怪我をするわけではない。

一つの事件のための主要な起動原因（causa efficiens＝utpādaka-hetu）というものは、数が少なく、数が限られているであろう。しかし一つの事件が起るためには、そこに無数の原因や条件がはたらいているのである。昔の仏教哲学者が主張したように「衆縁和合」なのである。

そうして一人の人の運命には、無数の縁（原因、条件のすべて）がはたらいている。個人の運命というものは、その無数の縁の〈結節〉のようなものである。ただその無数の縁がはたらくのに、因果関係、あるいは条件づけの関係は一様ではない。それぞれの関係には独立の場（field）というものがあり、そうしてその〈場〉なるものは無数に存在する。その無数の〈場〉が個々の事件において交錯しているのである。

さらに無数の個々の事件の連続とでもいうべき個人の生涯、つまり運命、となると、その交錯は無限に複雑となる。

無限に複雑な因果関係、条件づけの関係がどのように交錯するか、それらの結節がいかにつくられるか、ということによって、個人の運命は、幸せなものともなり、また悲惨なものともなり得る。

この論稿を読んでおられるほどの人々は、それだけの余裕があるのであるから、或る意味で幸せな人であると言い得るであろう。しかし因縁の結び目の如何によっては悲惨な人も現実には現われて来る。われわれ人間の運命を考察するために、最も悲惨な、目を蔽いたくなるような事例もあり得るということを挙示しよう。

人間は因縁の如何によって限りなく幸福になることもできるが、またこんなにも悲惨になることもあり得るか、と思うこともある。極限状況ということになると、個別的な事例として挙示するより仕方がない。

わたくしの胸をしめつけられたのは一九七七年四月一三日の新聞に載った事例である。東京都板橋区高島平の団地の高層建物から、合板会社の工員、山中了《さとる》さんと、長男の小学校四年生、敏弘君（九つ）、次男の同一年生、正人君（六つ）が、飛び降り自殺をした。父親は二人の子を抱きかかえるように死んだ。父親は妻に蒸発され、まじめには働いていたが、子どもの世話で「疲れた」といっていたという。父親のズボンのポケットには一〇円銅貨が一枚残っていただけであったということが、背後の事情をものがたっていた。こどもの手帳には、

「おかあさん、ぼくたちが天国からおかあさんのことをうらむ。おかあさんもじ国（地獄）へ行け、敏弘、正人」

と書いてあったという。

生活に困窮して自殺した人々の例は、幾らでもある。しかし、この頑是無いこどもたちは、自分たちには何の罪もないのに、自分が死なねばならぬ、ということを意識している。——他の同年齢のこどもたちが幸福に暮らしているのを知りながら。さらに最も大きなファクターは、このこどもたちが母親を怨み、呪っていることである。自分にとって最も愛情をもってくれる最後の人であるはずの「母」を怨んでいる。このこどもたちは心情的に絶望の底に陥っている。この世に生を享けた人たちのうちで、最も悲惨な人と言わずして、何と言えようか。

この事件の当時、新聞に「魂の試される時」という小説を連載していた丹羽文雄氏は、この事件に言及して、「この母親は、この事件を何と聞いたであろうか?」と、登場人物をして語らしめている。

この極限状況も、この当人だけの問題ではないのである。これらの当人と密接な関係のあった人々だけの問題ではない。同時代に生きていた人々がみな負い目を背負っているばかりではなく、忘却されている過去の多くの人々のかかわり方がのしかかって来る。

この悲惨な人々と、いまここで読み考えている人々と、本質的には変っていない。どちらも無数の因果関係、条件づけによって現われ出て来た人々である。ただ因縁の結びつきようによっては、こんな気の毒な人の場合もあり得るのである。

これは他人事《ひとごと》ではない。自分のことでも有り得るのである。そうして他人の事だと思っていることが、反省してみると、実は自分のことである場合が少なくない。

近年の新聞に出ていたことがあるが、小学校一年くらいの男の子が誘拐されて殺されたという事件があった。犯人はこの子の手を引いて大通りを二十分ほど歩いていたが、そのあいだじゅうその男の子は泣きつづけていた。もしも誰かが、おかしいと思って、この子に声をかけてやれば、この子は救われたのではないか。誰も声をかけなかった、というところに、他人の事柄には無関心であるところの都会の寒々しさが感ぜられる、と新聞は書いていた。しかし他の人々は何故声をかけてその子を救わなかったのであろうか？　おかしいと感じた人が一人もいなかったのであろうか？

きっと、「おかしい」と感じた人がいたにちがいない。しかし「変だ！」と思って干渉した場合に犯人は暴力に訴えるであろう。暴力に対しては暴力を以て抑えなければならない。そうすれば、犯人が傷つけられるということさえも起こり得るが、その場合にはその子を救おうとして手出しをした人のほうが罰せられる。

戦後の日本では、実際問題として正当防衛が認められていない。悪人の人権は擁護されるようになったが、とかく善人の人権は無視されがちである。

そうだとすると、そういう気運をつくり出した日本の法学者、指導者たちに責任があるということにならないか？　共同体意識の発達していた戦前の日本であったら、こういう事件は容易に食い止められたはずである。

ここまで考えて来ると、偶然の事故が決して単なる偶然ではなくて、他の人々が大いに責任を持つべきことが多いのである。個人の苦しみは、個人だけの問題にとどまらない。

悲惨とか苦しみとかいうことは、事実判断にもとづいて言えることであり、道徳的な価値評価を含んでいないが、道徳的な悪に関しても同様の考察をなすことができるであろう。親鸞の述懐は、この点を衝いている。

『なにごともこゝろにまかせたることならば、往生のために千人ころせといはんに、すなはちころすべし。しかれども、一人にてもかなひぬべき業縁《ごうえん》なきによりて、害せざるなり。わがこゝろのよくてころさぬにはあらず。また害せじとおもふとも、百人千人をころすこともあるべし。』(1)

なにごとでも、自分の思いどおりになるのであるならば、つまり自由意志によって決定できるのであるならば、「極楽往生のために千人殺せ」と言われれば、ただちに、わたしは千人を殺すであろう。しかし、一人ですら殺せるような業縁がないから、わたしは殺害しないだけである。自分の心が善いから人を殺さないのではない。また反対に、いくら殺すまいと心では思っていても、百人千人という多くの人を殺してしまうこともあるだろうというのである。

人間としては何の変りもないとしても、戦場に駆り出された男は、幾人も人を殺す。たまたま後方におかれた男は、人を殺さない。ただそれだけの差違である。その差違は〈業縁〉にもとづいているのだという。この〈業縁〉という観念は、浄土真宗独自のものであり、はなはだ定義しがたい。浄土真宗の「業」とは、普通は「身心の行為と、それにともなう諸条件」と解釈されているが、その諸条件は無限に大きく、無限に深い。

ここまで来ると、他人の運命を自分の運命として、他人の身になって考えるという立場が成立する。

この運命の共感は、同情や同感の成立する基盤である。その共感は、運命の共同の成立する場に即して具現する。決して一様ではない。

同じ村に生まれた人が、その村を愛する。そこには同じ村に属するという運命の共感が人々を支配している。

さらに狭く限って同じ家族成員のうちには、一層強くその気持が支配する。感情とか、情緒、利益打算、危急存亡感などすべてを含めて、「気持」といったらよいであろう。多くの人々は、父母に対する義務感とか、子に対する義務感とかいうような、しかつめらしいものに起因して行動するのではなくて、父母や子に対する愛着、恩愛の情を内含する運命の共同感から行動するのではなかろうか。

因縁の不思議は、男女の結合においては特に顕著に示される。一年、あるいは二年前には、互いにその存在をも知られなかったような二人が最も親しい結合関係を形成する。

「縁は異なもの味なもの」

というが、男女関係は思いがけぬ発展を示すことがある。その経過を当然のものとして理論づけ説明することは、或る程度までは可能であるが、しかしその二人を結合させるに至る無数の因果関係、条件づけの連鎖を説明することはできない。「説明する」ということは原則的な一定の命題を前提としているから、共通な場を必要とするが、共通に適用される命題を以ては尽し得ないものを各個人はもっている。命題を以てしては尽し得ないその個的な特徴は、無数の連鎖によって作り出されたものである。もしもそうでないならば、各個人の個別的な特徴は捨象されて、単なる単位（↓員数《いんずう》）にすぎないことになってしまうであろう。

西洋の学者は共同体（Gemeinschaft）と利益社会（Gesellschaft）との区別を立て[2]、その区別が一般に承認されている。しかし両者は概念としてそのように区別されるのであるが、現実に人間の組織した社会には両性格が混じっていて、どの組織はいずれに属するかということを容易に断定し得ないことが少なくない。利益社会の代表的事例であるはずの「株式会社」が日本やアジアの若干の国々では顕著にゲマインシャフト的である。

現実について見ると、狭くは夫婦関係、家族関係から始まって、ひろくは国家、民族に至るまで、運命の共同感というものが無意識に支配しているのではなかろうか。そうしてこの共同感が、おのずから成員のあいだに愛情を育むこととなる。

具体的な運命の現われを意味する語として、シナでは「安危」という。「安らかなこととあやういこと」とである。ただしシナでは「安危」という語は、韓非子だの李斯だのによって主として国家、邦家に関して用いられた。インドでは、苦しい労働と安らぎとを意味する語としてyogakṣemaということを『リグ・ヴェーダ』以来説いているが、漢訳仏典ではこれを「安危」と訳していることがある。サンスクリットのsamāna-yogakṣema-tvaを漢訳では「安危ヲ同ズ」と訳していることがあり、これこそ「運命の共同」に対応する語であったが、仏教哲学ではこれに関する思索はさほど発展せず、むしろ「因と縁」の分析のほうに思索を集中した傾きがある。

「運命の共同」ということは、国家の対立を超えて、あるいは諸国家がまさに対立しているからこそ現われる、ということも可能である。近年の東南アジアでは、ヴェトナム、ラオス、カンボジア、タイなどの国々の人民が戦禍に苦しめられ、悲惨な生活を送っている。かれらが背後の強国にあやつられて、始終代理戦争にかり立てられているためであろうが、代理戦争に駆り立てられ、生きるのがやっと、という生活状態をつづけているという点では、国は異なっていても、民衆は運命を共同にしている。われわれは、何とかせねばならぬという気持に駆られても、実際上は、何もできない、というのが実状である。

〈運命の共同〉ということは、いろいろなかたちで現われる。社会を構成していない人々のあいだでも現われることがある。

同じバスに乗っている人々は、決して「社会」を構成していない。しかし快適な乗り心地を楽しみ、外の風景を眺めるということを共にしているばかりではなくて、万一の場合には身体の安全・生命の危険を共にすることも有り得るという点では、最小限度の微量な点においてではあるが、運命を共同にしているのである。同じ船や同じ飛行機に乗っている人々は、殊に親しくなる。

このような関係をさらに拡張して考えると、われわれは同時代人としてこの地球の上に生きている。生を共同にしているのである。

「袖振り合うも他生の縁」

というのは、道行く人とちょっと袖が触れ合うのも宿縁によるという意味であるが、同時代人として僅かなりとも交渉をもつというのは、よくよくのことである。そこでは、人々のあいだに相似た因果関係や条件づけの関係がはたらいている。そうしてそれを自覚すると、自分とは何のかかわりもない、行きずりの人に対して愛情をもつことが容易である。

同時代でなくても、異時代の人と密接な交渉をもつということもある。例えば、古典を読むとか、特殊な記録を調べるとか、昔の名品を鑑賞するとかいう場合である。その際には時間的な距離を超えて、古人とのあいだに〈共通の場〉が設定される。この共通の場を通じて古人を尊敬し、さらに愛することとさえも可能となる。

さらに人々が互いに同じような人間として生まれて来たという事実も、共通の場を設定する。人間が何故に、鳥獣よりも以上に人間を助け、人間と協力せねばならぬかという理論的な理由づけは、不可能である。ただ人間として生まれたという運命の共同感によるべきであろう。人間は鳥獣よりも知能的にはすぐれているであろうが、道義的にすぐれた存在であるということは立証できない。若干の人々の身勝手な行動は、明らかに禽獣よりも劣っている。

人間がすぐれたものであるということを主張するために述べられた理由づけの議論は、すべて人間の独善である。人間のエゴイズムが鳥獣に対する人間の行動を正当化する。しかし善いとか悪いとか解らぬが、ともかくわれわれはこういう形をした人間として生まれて来たのである。人間は人間以外のものとなることはできない。まさにこの事実は、人間としての運命の共同感を正当化する。

ちょっと会っただけでは怪訝な存在のように見える異民族の人でも、ことばにより、直接に、あるいは通訳を介して、自分と同じような感情や思考作用をもっている人であるということを知ると、急に親しみを感じ、ともに人間であるという自覚のもとに愛情を感ずるようになる。あらゆる道徳の成立する基礎も、あらゆる平和運動も、ここにおいて正当化され得るであろう。

特に人間が他の動物よりも以上に精巧な知能をもっているという事実は重要である。それは、善いことであるか、悪いことであるか解らない。原子爆弾をつくったりする人間が、道徳的にすぐれたものであるとは言えないであろう。しかしその知能が絶大にすぐれていることは事実である。このすぐれた知能を生かすということによって、善く生きることも可能となり、地球の上に明るい生活を実現し得る可能性をもっている。

微々たる個人が微々たる活動をなすということも、将来に向って無限の因果関係、条件づけを行なうということになると、微々たる個々人の存在の意義は大きいし、また尊い。未来に及ぼすその影響のあとを、一々書きとめられることもなく、追跡調査されることはない。目にとまらぬ領域において消え失せ、忘れられるであろう。しかし目には見えなくても、影響を残すということは、厳たる真実である。その方向において「無量寿」として生きているのである。目に見えぬところに、光がさして来る。

(1)『歎異抄』十三。
(2) 特に Ferdinand Tönnies (一八五五—一九三六) の見解が代表的であろう。

あとがき

人間は生きている限り、なにかしら思い悩むことがあるはずである。そこで人は考えて、なんらかの解決の道を求める。その反省の跡が思想として凝結する。その結果は、あとから来る人々のための道しるべともなる。

自分はいま生きている。だが、どのように生きたらよいのであろうか？　われわれは、常に反省を促されている。

この反省は、だれにとっても最も切実な、また最も大切なことではなかろうか？

人々は、こういう問題についての解決は、哲学が与えてくれると考えて、学校の高等教育においても哲学は必須課目となっている。

しかし、世間のいわゆる「哲学」なるものは、この問題に答えてくれないようである。いわゆる「哲学」にたずさわっている人々は、ただ一部の人々のあいだだけの隠語（ジャルゴン）をいじくり廻しているだけではなかろうか？

わたくしは前々からいわゆる〈哲学界〉なるものに満足することができなかった。自分は自分としての反省をしたかった。『現代思想』の編集者の人々もわたくしの気持に理解を示されたようである。

そこで『現代思想』誌にポツリ〳〵と連載させてもらって、やがて一書として刊行されたのがこの『自己の探求』である。

これは稚拙な試みである。しかし自分なりに考えてみた。あちらの書物をパラフレイズしたものではない。

はたして予想したとおり、この書は哲学界、思想界からは完全に無視された。書評されたことも無く、言及されたことも無い。

しかし生き方を探求する人々は、真剣に読んでくださったようである。都市の相当大きな書店にはうず高く積まれ、しかもそれをもとめた方々も多いようである。

そうして意外な方面から拍手喝采が送られた。その一人は、例えば、なんと俳優の内田朝雄氏である。同氏は、この書は、今まで中村が書いたどの書よりも迫真力があるといって推賞され、或るテレビ局からこの本の何十冊かを視聴者へのプレゼントとして配られたと聞く。

この書は、いわゆる哲学だとか思想の学問だとかの類型に入るものではない。しかしこの書を求める声は、あとを絶たないのである。この本は決して傑作と呼ばれるようなものではない。しかし稚拙な筆致の中には真実がある。それは児童の書いた絵のようなものである。

わたくしは今、思想の問題を根本から考え直したいと思っている。歩んではころび、立ち上ってはまた歩むであろう。

今のわたくしは、こういう努力を集中的に行なうことができないのは残念である。過去のわたくしの学問的な努力が、過去の日本の学界の趨勢に引きずられて、どうしても歴史的な研究を主としていた。今でもその呪縛のうちにあるが、しかしわたくしは、過去の思想に対する価値批判的評価を忘れなかったつもりである。

ところで価値評価を行なうためには、自分の思想がなければならない。他人がつくった価値体系をもって来てそれを基準として評価するということは、思索を拋棄した鸚鵡のいとなみである。

もしもわたくしにさらに命が与えられたならば、今後はさらに、二十世紀も終りに近づくこの現在に生きている一人の考えあぐむ人間として、体系的な思索を遂行し、自分なりに納得のゆく成果を提示し、非力なわたくしに期待を寄せて下さった方々の熱いまなざしに答えたいと思う。この書は、まさにそのような試みの第一歩なのである。

中村　元

一九八九年五月一八日

自己の探求＊新装版

二〇〇〇年一月二五日　第一刷発行
二〇二〇年五月　八日　第六刷発行

著者——中村　元
発行者——清水一人
発行所——青土社
東京都千代田区神田神保町一—二九市瀬ビル〒一〇一—〇〇五一
〔電話〕〇三—三二九一—九八三一（編集）
〇三—三二九四—七八二九（営業）
〔振替〕〇〇一九〇—七—一九二九五五
印刷所——ディグ（本文）
方英社（カバー）
製本所——小泉製本

ISBN 978-4-7917-5788-6
Printed in Japan